ガバナンスと
利潤の経済学

利潤至上主義とは何か

亀川雅人 [著]

創 成 社

はしがき

　本書は，コーポレート・ガバナンス（corporate governance：企業統治）を念頭に執筆したものである。近年は，経営者の不祥事や高額報酬問題，社外取締役等の独立役員の問題や日本版スチュワードシップ・コードの導入など，コーポレート・ガバナンスに関する議論が喧しい。しかし，コーポレート・ガバナンスの問題は，人と資本が企業に集中し，組織化した時から始まっている。それは，企業が株式会社という法的形態に変態した時と一致する。それゆえ，コーポレート・ガバナンス問題は，株式会社の問題としてとらえられる。

　株式会社が巨大化し，国境を越えて活動するようになると，通貨を支配する国家に同調するのみならず，時に対峙することがある。各国は，豊かな社会を構築するためにさまざまな制度を工夫するが，その「豊かさ」は多様である。コーポレート・ガバナンスは，国家の「豊かさ」と無縁ではないが，特定の国家の「豊かさ」に縛られることもない。国家の統合や分裂は，企業に影響を及ぼすが，企業が統合や分裂を主導することもある。300年以上も1つの国として統治されていたスコットランドの独立問題は，攻めて国家とは何かを問う。しかし，企業の株主や経営者，労働者や顧客に影響を及ぼすことがなければ，他に何が問題になるのであろうか。

　このような問題を踏まえると，本書のタイトルにコーポレートという言葉を使うことが難しくなった。国家と企業組織，そして市場の関係をガバナンスの議論としてとらえることで，コーポレート・

ガバナンスの認識対象を拡げることを意図している。

　これまでのコーポレート・ガバナンスに関する議論にはいくつかのアプローチがある。ファイナンスの視点では，企業価値最大化を実現するための経営者の規律付けやインセンティブに関する問題としてとらえ，株主と経営者の関係を中心に論じられる[1]。この視点は，資本市場の資源配分機能を認識対象としたものである。法律の世界では，会社法にあるように株主から受託した経営者の責任やその監視の仕組みを中心としており，ファイナンスの視点と重なっている。

　経営学では，利害関係者を含めた議論として，その認識対象が拡げられる。株主と経営者の関係と会社の機関構造に限定するファイナンスの視点を狭義のコーポレート・ガバナンスとみなし，それを企業と利害関係者との関係に拡げたものである[2]。株主による経営者の監視のみならず，従業員や取引先企業，あるいは地域社会など，すべての利害関係者による監視が含められる[3]。

　利害関係者という視点は，企業が稼得する所得分配をめぐる支配構造を問うものである。そのため，コーポレート・ガバナンスは，企業支配論の系譜の中でとらえることができ，支配や権力の側面に焦点が向けられる。1932年に公刊されたバーリー＝ミーンズ（A.A. Berle & G.C.Means）の『現在株式会社と私有財産』（The Modern Corporation and Private Property）以来，長きにわたり巨大株式会社の支配主体をめぐる議論は活発に行われ，経営者支配や金融支配論などの多様な議論が展開された。

　彼らは，取締役会または過半数の取締役を選任する実際的権限を「支配」と定義し，最大200の非金融企業の実証研究により「大株主支配」は11％に過ぎず，44％が「経営者支配」の状態にあること

を実証した。アメリカにおける少数の大規模製造業が物的資産の支配力を強めていること，そうした巨大企業の資産は個人所有ではなく，専門経営者集団に支配されているという。

こうした経営者支配論を背景に，企業目的が所有者の利潤から経営者の報酬や労働者の福祉，公衆の奉仕，企業の安定などの社会的厚生へと展開され，バーナム（J.Burnham）の『経営者革命』（*The Managerial revolution: What is Happening in the World*, 1941）や専門的知識集団としてテクノストラクチュアの役割を論じたガルブレイス（J.K.Galbraith）の『新しい産業国家』（*The New Industrial State*, 1967）などが登場する。

1960年代のアメリカでは経営者の自由裁量の余地が拡大し，利潤最大化を目的とする企業理論に対峙するボーモル（W.J.Baumol）の売上高最大化仮説（*Business behavior, value and growth*, 1959），マリス（R.Marris）の企業成長率最大化仮説（*The economic theory of managerial capitalism*, 1964），ウイリアムソン（O.E.Williamson）の組織スラックの理論（*The economics of discretionary behavior: managerial objectives in a theory of the firm*, 1964）等が注目された。それでも，これらの理論は株主の抵抗を生み出さないような条件を設定しており，株主から自由になったという認識はない。あくまでも経営者の裁量権が拡大したという位置づけである。

日本でも「所有と支配」に関する実証研究が行われ，株式相互持合いに基づく経営者支配論等が展開される。奥村宏氏の法人資本主義論や西山忠範氏の脱資本主義論，三戸公氏の企業制度化論など華々しい論争が展開された。

こうしたコーポレート・ガバナンスを論じるには，法人や株式会社と訳されるコーポレーション（corporation）など，企業の概念を

議論しなければ理解ができない。企業とは生産活動の主体であるが，生産活動には境界がない。人間の生活が生産と消費である以上，世界中の国家が生産活動をしている。また企業を国家の下部組織とみなせば，国家というガバナンスを論じる必要もある。同じ議論は，世界と国家の関係でもありうる。国家は地球の一部地域における生産活動を担っている。

　生産活動は分業と協業の体系であり，この体系をまとめ治めることが統治であるとすれば，世界や国家の分業と協業の体系と企業のそれを関係付ける必要がある。分業と協業の問題は，経済学における市場の理論である。分業と協業の設計如何で富の大きさが決まる。富を創出する利潤の概念は，市場のとらえ方に関わり，経済学の学派を形成してきた。新古典派や制度学派，組織と市場の境界問題など，経済学における関心領域の広がりは経営学との接点を多様にしている。本書の意図は，これらの問題をガバナンス問題としてとらえ直すことにある。

　現実の世界では，市場と組織に加えて，政府における資源配分が行われる。1円1票という市場の原理と1人1票という民主主義の原理が存在し，価値観をめぐる衝突が企業の行動に影響を及ぼす。他方で，株式会社となった企業は，国家の価値観に拘束されることなく，グローバル市場で競争する。コーポレート・ガバナンスを論じるには，株式会社の追求する利潤あるいは株主の富と社会の「豊かさ」を秤にかける議論をしなければならない。

　本書は，経済学の諸理論をガバナンスの視点から考察し，コーポレート・ガバナンスを論じるための1つのフレームワークを提供しようとする。誰が統治者としてふさわしく，どのような統治構造が最適であるかについては論じない。しかし，国家と市場，企業と市

場という関係を重層的にとらえることで，コーポレート・ガバナンスに新たな視座を与えることを期待する。

　なお，本書の編集の過程で，立教大学大学院ビジネスデザイン研究科博士課程後期課程を修了した粟屋仁美氏（比治山大学）と博士課程後期課程に在学中の林征治氏より詳細なコメントをいただき，内容や文章表現を吟味することができた。改めて両名に謝意を表する。

　また，本書の出版を２年間ほど待たせてしまった創成社の塚田尚寛社長にはお詫びとともに，出版に感謝を申し上げる。

【注】
（１）　大村敬一・増子信（2003）p.29，手嶋宣之（2004）p.1，資本市場研究会編（2004）p.5，ステークホルダー全体の経済的厚生の増進を図るための経営者の規律付けとしながらも企業価値の最大化というファイナンスの視点で論じるのは，宮島英昭（2011）p.2がある。
（２）　出見世信之（1997）p.8および丹沢安治「理論的スタンス」高橋俊夫編著（1995）所収（1995）p.4。
（３）　「株主やステークホルダーが，彼らの利害の観点から，経営者を監視し，時には経営者に支配力を行使するシステムを構築し，それを機能させていくことである。」佐久間信夫（2003）p.171や「企業経営を常時監視しつつ，必要に応じて経営体制の刷新を行い，それによって不良企業の発生を防止していくためのメカニズムである。また，こうした防衛的な意味での監視を超え，企業としてのパフォーマンス向上を実現していくために経営陣を選び，動機付けていくための仕組みでもある」田村達也（2002）pp.6－7，株主視点ではなく従業員視点のガバナンス論としては，「企業が望ましいパフォーマンスを発揮し続けるための，企業の『市民権者』による経営に対する影響力の行使」という伊丹敬之（2000）p.17がある。

目　次

はしがき

第1章　ガバナンスとコストの概念 ── 1
1　秩序の設計……………………………………… 1
2　ガバナンス・コスト…………………………… 4
3　分業と協業のガバナンス……………………… 8

第2章　起業家とガバナンス ── 13
1　管理者と起業家…………………………………13
2　起業家と取引コスト……………………………19
3　起業家の権力源泉と権限の委譲………………23
4　ガバナンス・コストと起業家コスト…………27

第3章　利潤と「豊かさ」のガバナンス ── 34
1　合理的個人のガバナンス………………………34
2　フロー・ストックと利潤・損失………………37
3　時間の経過と個人の選択………………………43
4　社会の富と財産…………………………………51
5　富と財産の評価…………………………………55
6　統治者の主観的尺度……………………………58

第4章 境界の経済学 ―――――――― 63
  1 国境の意味……………………………………63
  2 境界と財産……………………………………67
  3 境界を越えるコスト…………………………70
  4 言語とガバナンス……………………………74
  5 共通化と序列化………………………………76

第5章 権力の集中と分散 ―――――――― 82
  1 国の統治………………………………………82
  2 多数派と少数派のガバナンス………………86
  3 組織的意思決定のエージェンシー問題……88
  4 統治の組織……………………………………93
  5 政府と企業……………………………………95
  6 国家統治を支える下位組織…………………99

第6章 資本主義経済におけるガバナンス ――― 104
  1 封建制社会のガバナンス ………………104
  2 資本主義経済におけるガバナンス ………108
  3 価値観と市場の生成 ………………………113
  4 社会主義と資本主義 ………………………116
  5 計画経済と市場経済の陥穽 ………………121

第7章 資本主義経済における利潤の役割 ――― 124
  1 理念型市場と利潤追求 ……………………124
  2 起業家的な活動と利潤 ……………………127

3　模倣による利潤の消滅 ················129
  4　競争と不安定性 ····················132
  5　「見えざる手」と「見える手」··········136
  6　リスク負担構造の相違 ················140

第8章　企業組織とガバナンス ─────144
  1　原子論的な企業の概念 ················144
  2　資本結合と企業概念 ··················149
  3　法人企業の財産 ····················154
  4　取引コストと投資決定 ················156
  5　モジュールと摺合せの概念 ············160
  6　企業活動と市場のガバナンス ············163

第9章　株式会社のガバナンス ─────170
  1　株式会社の仕組み ··················170
  2　株式市場と株式会社 ··················174
  3　株式市場と株主の利潤・損失 ············179
  4　株式会社組織の拡大と標準化 ············182
  5　株主の利潤と専門経営者の報酬 ··········186
  6　株式市場型社会と銀行依存型社会 ········190
  7　株式会社と格差社会 ··················195
  8　株式会社の問題点 ··················199

第10章　変遷する日本のガバナンス ───207
  1　戦時体制のガバナンス ················207

2 メインバンクによるガバナンスと
　　計画経済 …………………………………211
3 高度経済成長期の日本的経営と
　　ガバナンス …………………………………215
4 成熟した日本社会の統治構造 ………………221
5 おわりに …………………………………………227

参考文献　231
索　　引　239

第1章
ガバナンスとコストの概念

1 秩序の設計

　人間は集団で生活をする動物である。価値観や目的を共通にする社会や組織を作り，共同で生活する。共同生活にはリーダーとなるべき人間が必要であるが，いかに優れた人間であっても，その能力には限界がある。環境の変化により能力の相対的評価は変わる。欲のない人が欲の塊になり，欲の塊のような人が成人君主のようになることもある。人間が完全でないということを前提とすれば，不完全な人間を制度的に補うことが必要となる。

　日本語における「統治」という言葉は，ガバメント（government）もしくはガバナンス（governance）と訳される。いずれも，支配，管理，統制などの意味があり，総じて，まとめ治めることを意味する。ガバメントは，法律に基づく国家や政府の統治であり，主権者が国家や国民を支配し，これを治めるというようなときに使う言葉である。

　主権者は国家の正義を決め，これを全うするために法律を制定・施行する。国家の目的を遂行するために分業と協業の体系である組織を設計する。組織が円滑に機能するために，主権者の財産を守る

ための法律と国防や警察，消防，貨幣の発行と管理などの整備を行う。生産された財・サービスと労働力や資本などの生産要素に関する法律が整備される。分業と協業の体系を円滑に機能させるために，必要に応じて法律を制定する。

　ガバナンスは法律に依拠する統治を基礎に，さまざまな目的を持つ集団や組織に対する支配，管理，統制に関わる広義の統治概念である。もちろん，ガバナンスとガバメントは相互に関係している。国家の正義は，企業を含むその国の下位組織や国民 1 人ひとりの正義として強制されることで，国家の秩序を形成する。法を遵守した上で，法と矛盾しない支配，管理，統制が行われる。しかし，内外環境が個々の集団や組織の「あるべき姿」を変えると，国家の法も変更を迫られることになる。

　法の強制を伴わないガバナンスは，人々に自制的活動を望むことになる。道徳，倫理，宗教や宗教施設，躾，教育，スポーツやスポーツ観戦，オリンピックなどの祭典，さまざまな地方のお祭り，そして芸能などを介した社会的な価値観の形成は，統治に重要な影響を及ぼす。国内政治の不満が高まれば，社会の安寧を願って宗教施設を設けることもある。道徳や倫理，歴史に関する教科書が統治者の意向に沿う形で作られる。スポーツ体験や観戦でストレスを発散させ，社会的不満のはけ口に利用することもある。お祭りも同じような効果を持ち，政治利用されることがある。オリンピックなどの世界的なスポーツの祭典は，しばしば国家間の政争の具にされるが，一方で，開催地にグローバル基準の社会的マナーを浸透させる。

　このように法に拠らないさまざまな仕掛けが，社会の統治に用いられているのである。「あるべき姿」が法律を作るのであれば，価値観の形成や帰属意識，忠誠心などの精神的な統治は，法に拠る統

治の前提となり，これを支持するために利用される。自分自身を統治する信仰や信条，家族をまとめる家訓，そして企業の経営哲学や経営理念，社是，社訓，さらには学校における建学の精神なども統治を目的にしたものである。企業が支援する社内スポーツや学校間で競うスポーツなども，愛社精神や愛校心を養うために奨励される。しかし，社会の価値観の形成が統治者とは異なる方向に向かえば，新たな統治が必要になる。

　したがって，統治とは，特定の統治者が一定の目的を定め，その達成のために，被治者に秩序を与えることである。換言すれば，社会や組織の「あるべき姿」やビジョンあるいは方向性を示し，これを実現する制度や仕組みを設計して，被治者を従わせることである。

　しかしながら，「あるべき姿」の提案者を決めねばならない。これを実現するための執行者や執行状態の評価や監査をする者，そして，「あるべき姿」の軌道修正を行う者を決めなければならない。統治者は，この仕組みを決定する主体であり，統治者本人や代理人を任命して，この仕組みを運営する。

　統治者と被治者の関係は単純な支配・被支配（隷属）の関係ではない。統治者が絶対的な権力を有し，被治者を従わせるような関係は多くない。むしろ，統治者の権限を制限し，権力を分散させる仕組みが一般的である。統治者と被治者が同一の主体であることもある。完全なる自給自足であれば，ガバナンスは個人の中で完結する問題であり，本人がみずからを統治する。国民主権も国民による自己統治（self-governance）を意味する。形式上の統治者に権力が与えられず，実質的に被治者となっていることもある。

2　ガバナンス・コスト

　社会や組織の「あるべき姿」は，いつ（When），どこで（Where），誰が（Who），何を（What），誰のために（Whom），どのような方法で（How），どの程度のコスト（How much）をかけて実施されるかという5W2Hに分解される。各要素は相互に整合性（Why）のある有機的構造体として設計される。

　社会や組織の「あるべき姿」は，その構成員である人間の「あるべき姿」との整合性が必要である。人間の営みは，技術水準や所得，資本蓄積の状態，人口や男女比，年齢構成，宗教や人々の嗜好，国や社会の仕組みなどを反映した時代環境（When），そして自然資源や気候，その他の地理的条件（Where）などの環境要因との関係で決まる。この環境要因と人間の労働力が結合して，目的を達成するための活動，すなわち生産と消費の活動が行われる。理想的な社会を計画しても，これを実現できる経験や能力がなければ難しい。生産活動に従事する者（Who）の能力と環境の摺り合わせが重要になる。

　生産する財・サービスの種類や質（What）は，その利用者（Whom）との関係で決まる。所得，性，年齢層などのターゲットに対して，多様な財・サービスが提供される。農業や漁業に従事する者，鉱工業や製造業，情報通信や金融サービス，保育や教育，介護事業など，誰のために何を生産するかという産業構造を決める。裕福な家庭のペット・フードは，貧しい家庭の食事を犠牲にする可能性がある。高齢者の介護は，少子化対策を抑制する要因かもしれない。誰かのために何かを生産すれば，誰かの何かが生産されない。

統治者が提案する社会や組織の秩序は，誰のために（Whom）設計されるのかが重要になる。この決定は，統治者と被治者の関係を決め，社会や組織の秩序の大枠を決める最重要な問題である。それは，身分制度，政治的な支配階級や特権階級，経済的な所得階層による区別，資本家や労働者という機能区分，その他，特定の利害関係集団等を考慮して決定される。

　財・サービスの種類と質は，その生産方法（How）の設計を必要とする。統治の目的を達成するために希少資源の配分先を決定し，具体的な活動方法を示す費用（How much）が決まる。以上を図に示すと次のようになる。

図1－1　「あるべき姿」の5W2H

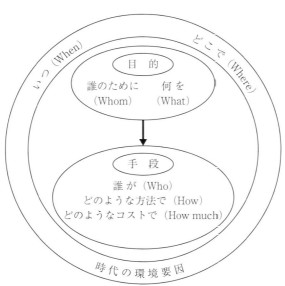

これら5W2Hは同時決定であり，目的に対する諸変数の整合性（Why）が求められる。その時代と場所，そして能力という条件の下で，誰のために（Whom）何を生産するか（What）を決める。それは，国家や企業の秩序の設計であり，戦略的意思決定である。目的を実現するために，さまざまな選択肢の中から最適な機会を選択することになる。目的の実現に対する成果とその実現のために払う犠牲を秤にかける。成果は犠牲に対する見返りであり，収入や収益（return）という言葉に変換され，犠牲は費用（cost）に読み替えられる。それゆえ，収益と費用の比較となる。

　人間の意思決定は，常に資源の制約下にある。そのため，ある成果を実現するためには，別の成果を犠牲にしなければならない。意思決定者は，その目的に応じた成果と費用を秤にかけているのである。その際，費用として認識されるのは，ある特定の機会を選択することで失われる収益機会である。しかし，それは，選択可能なすべての収益機会ではない。実際に選択する機会は1つであり，犠牲となるのは諦めた機会のうちで最大の成果や収益である。この費用概念は，機会費用（opportunity cost）と呼ばれ，本書で扱う基本的な費用概念となる。

　ある財の生産に100万円の費用がかかるとすれば，この意思決定により貨幣の100万円を犠牲とすることになる。しかし，市場価格が成立していない機会は多い。重要なことであるが，機会費用の概念は，意思決定の主体が認識する犠牲であり，貨幣支出に限定されない。費用の上昇は，目的の達成が困難になることであり，費用の低下は目的達成の障害が除去され，容易になることを意味する。

　秩序を設計し，その秩序に基づく成果と犠牲，すなわちリターンとコストのバランスが取れなくなれば，秩序は崩壊し，新たな秩序

の設計が必要になる。統治者が認識主体となり、その統治のために犠牲とする機会をガバナンス・コスト（governance cost）[1]と定義する。

ここでは統治者の目的は統治であるが、具体的な統治目的は多様であり、その仕組みや必要な資源も異なる。ガバナンス・コストは、統治者がある特定の統治対象や行為、制度の建設を選択することで犠牲になる最大の収益（「豊かさ」や効用）であり、統治者が意思決定に際して考慮する機会費用である。それはガバナンスのために必要な有形・無形の構造物や仕組みを作るための活動の一切を含んでいる。新たな統治の仕組みの構築は、新工場の建設と同じである。現在の制度に対して、選択可能な他の制度や仕組みが魅力的になれば、ガバナンス・コストは上昇する。統治者に、現在よりも統治活動の負担が大きくなることを認識する。

新しい企業の誕生や企業の合併、都市や地場産業、国家や国家の枠を超えたユーロなど、各統治体制には、それぞれに目的があり、5W2Hに一定の整合性がみられる。5W2Hの整合性が失われると、ガバナンス・コストが上昇し、異なる秩序の設計が必要になる。成長と発展を経験したソビエト連邦や社会主義諸国の体制は崩壊した。エンロンやGM、山一證券、カネボウ、JALなど、大企業の破綻・倒産も、5W2Hの整合性に綻びが生じた結果である。

5W2Hにまとめられる「あるべき姿」は、社会や組織の秩序設計（Plan）であり、これを執行（Do）する仕組みや、執行の監査や成果の評価（Check）方法を決め、計画と実際との乖離があれば、これを修正して次の行動（Action）に移さねばならない（図1－2）。人間の計画やこれを実行する活動が不完全であることを前提に、PDCA（Plan-Do-Check-Action）の仕組みが構築される。誰がPDCA

図1－2　5W2HとPDCAサイクル

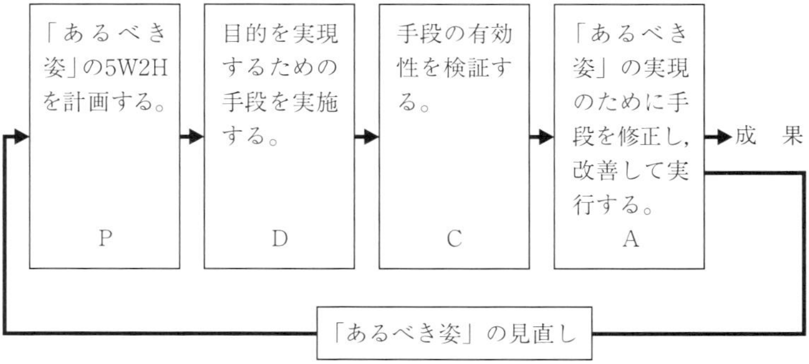

P	D	C	A
「あるべき姿」の5W2Hを計画する。	目的を実現するための手段を実施する。	手段の有効性を検証する。	「あるべき姿」の実現のために手段を修正し，改善して実行する。

→ 成　果

「あるべき姿」の見直し

の各機能を担い，誰がこれらの担当者を決めるのか，その決定方法はどのようなものか，これがガバナンスの機構となる。

3　分業と協業のガバナンス

　自給自足経済では，すべてが家計の活動であり，家事労働以外の労働は存在しない。コストとリターンは同一の人格の中で認識・評価される。自給自足経済は，個々人の家事労働の総和が国内総生産（GDP：Gross Domestic Product）や国民総所得（GNI：Gross National Income）となる。原材料の調達から，道具の生産，衣食住の消費財の生産と消費が，家事労働として行われる。しかし，現実の世界は，各機能に応じて，異なる意思決定主体が存在する。家事労働が，その機能を分担し，外部化されることで分業が成立する。外部化とは，分業であり企業化を意味する。現在の家事労働は，企業化が困難な残された仕事である。

分業経済では，企業と家計の意思決定を異なる人格が担う。家庭では，勤め人として会社に出勤し，会社から給与をもらい，消費生活を営む。給与の一部は貯蓄し，銀行預金や債券の購入，保険契約を結ぶ投資家になる。他方，会社では，従業員となり，他人の消費財の生産や企業に販売する資本財の生産に関わる。コストとリターンは交換経済の中で認識・評価される。

　個々人の自立した社会を前提とすれば，人は賢く消費をしたいと思う。また，自分の財産を増加させる投資先を考える。企業は，家計の消費欲求に応えるために，低価格で高品質の製品やサービスを提供しなければならない。家計は賢く，１円でも安く，少しでも性能や品質の良い製品を購入しようとする。家計が賢くなればなるほど，生産者は過酷な競争を強いられる。投資家である家計は，１円でも収益の高い投資対象を選ぼうとする。この投資家としての家計の選好のために，生産者としての人は，投資効率を最高に高めようと努力する。

　いずれも，自給自足経済では，ごく自然の行為である。一番良い消費生活を送るために一番良い生産方法を選択する。しかし，多くの人格が異なる機能を同時に兼ね備えている。労働者であり，資本家であり，消費者である。民間企業で働き，税金を納める納税者となり，政府のさまざまなサービスも受け取る。さまざまな機能を持つ人格が，みずからの役割に応じて活動する仕組みは，どのように構築されるべきなのか。

　個人は，消費と生産，貯蓄と投資，資本と経営など，機能に応じた顔を持ち，別人格のように意思決定する。各個人は家族や社会の構成員であり，彼らの目的やその遂行方法は，所属する組織や個人を取り巻く環境に影響を受ける。さまざまな利害関係者が関与し，

個人の目的が形成される。目的を達成するために，家族や友人が協力することもある。あるいは，周囲の環境が目的の遂行に障害となることもある。

　分業と協業の仕組みは，われわれが生活するための仕事の分担であり，さまざまな人間が持つ機能を束ねたものである。統治者は，5W2Hに応じた分業と協業の仕組みを構築しなければならない。

　個人による自己統治から分業と協業による社会の統治が必要になる。アダム・スミス（Adam Smith）やフリードマン夫妻（Milton & Rose Freedman）の説明にみられるように，分業経済は経済の発展の要諦である。スミスはピン工場の例を用い，フリードマンは鉛筆生産により，分業による社会的利益を説明した。衣食住のすべてを完全な自給自足で賄うことは不可能である。われわれは，意識することなく分業の利益を享受している。

　例えば，1,000円のＴシャツは，時給1,000円であれば１時間の賃金で手に入れられる。しかし，１時間でＴシャツを作れる者はいない。シャツは，綿や化繊でできている。綿を栽培するノウハウや綿から繊維にするまでの生産技術を習得しているであろうか。種をまき，綿花から繊維にするまでには，多くの時間と労力が必要になる。化学繊維は，石油を原料に作られる。ナイロンやポリエステルの製法は，化学の知識のみならず，石油が必要になる。油田の開発をしなければならない。生地を裁断する鋏は，鉄でできている。鉄鉱石を採掘し，これを製鉄所に運び，高炉で銑鉄を取り出すなどの製造過程を経なければならない。それぞれに運搬用の車両や鉄道，原料を輸入する場合には船を建造しなければならない。無地のシャツに色を付けるとなれば，さらに複数の工程が必要である。

　すなわち，自給自足では，1,000円のＴシャツ１枚と同じ品質の

シャツを作るために,何年もの歳月が必要になる。農家や鉱山で働く人々から輸送に携わる人々,運搬用の車両や鉄道を製造する人,これを運転する人,道路の整備も駅員も,それぞれの営業や経理,人事に従事する人も間接的に関わっている。製鉄所や化繊の工場,鋏の生産と販売などなど,シャツの販売店から購入するまでには網の目のような分業と協業の組織が出来上がっている。

　1時間の労働で購入できるシャツを,1日がかりで生産すれば24倍のコストがかかることになる。休みなく働いて,1年かかるとすれば8,760倍（24時間×365日）である。もちろん,1年や2年では鉄鉱石を採掘できない。鉄鉱石を採掘するためのシャベルさえも生産できないからである。

　しかしながら,石油から作られる化繊や鉄製の鋏,運搬用の車両や鉄道は,すでに準備されている。過去の労働力によって生産された資本が存在しているために,Tシャツは1時間もかけることなく生産されるのである。分業と協業の仕組みは,現在の生産のみならず,将来の生産を計画して設計されている。この仕組みも資本である。貸借対照表が有形・無形の資産をすべて表示できれば,その資産項目は,過去の労働力の結晶であり,将来の消費生活の準備を示している。

　個々人の働き方では,生産性に大きな差は生じない。熟練の職人と不熟練の職人に生産性の差があるとしても,その違いはせいぜい2倍か3倍である。しかし,分業と協業の設計によって費用は大幅に削減できる。スミスのピン工場は,1人の労働では1日に20本も生産できないピンが,10人の分業で48,000本になるという観察事例を示した。1人当たり2,400倍の生産物が増加したことになる[2]。

したがって，分業と協業の体系をどのように設計するかが，衣食住に関わる物的な「豊かさ」を決めることになる。低賃金の国や人口の多い国との競争を考えてみよう。1億人の分業国家は，自給自足で生活している2,400億人の国家と同等の「豊かさ」を手に入れることになる。分業と協業の設計は，資源や人口の乏しい国家の競争優位の源泉になる。国や組織の統治者にとって，これほど重要な制度設計はない。本書は，分業と協業の体系をどのように統治するかに関心がある。

【注】
（1）　Rolf Bühner（2000）など，ガバナンスに関するコスト概念は，基本的にはコーポレート・ガバナンスの議論として論じられる。
（2）　Adam Smith（1950）p.7.

第 2 章
起業家とガバナンス

1　管理者と起業家

　われわれは，豊かに暮らすために分業と協業の仕組みを設計し，これを機能させることで生産活動を効率化させてきた。分業と協業の設計は5W2Hに依拠しており，その決定は価値判断を伴う起業家的な意思決定である。新しいガバナンス機構は，起業家（entrepreneur）が構想することになる。

　起業家は，新たな「豊かさ」を探索し，これを発見・定義し，その実現のための組織を作り，結果を評価する人材である。衣食住が重視されるのであれば，これらに携わる人を増やさねばならない。子育てや教育が重要であると考えれば，保育や教育に資源を割かねばならない。医療や介護，その他，何が「豊かさ」であるかを決めて，資源を配分しなければならない。資源配分の意思決定者が社会の統治主体となる。

　生産活動が分業と協業により担われている限り，個人によって決められる範囲は限られている。それは，資源配分の問題であり，経済学の主要テーマである。にもかかわらず，「豊かさ」を発見し，その実現のために資源を配分する起業家やその活動を統治する姿は

見えてこない。人類は有史以前から「豊かさ」を求め、分業と協業によりその実現を追求してきた。しかし、「豊かさ」とは個々人によって異なるものであり、自分の欲求や考えは、共同生活のメンバーとは必ずしも一致しない。「豊かさ」を実現すると、その分配をめぐり、共同生活に軋轢が生じる。人類の歴史は、「豊かさ」をめぐる諸問題をまとめ治めることであった。

　狩猟採集社会を仮想して「豊かさ」と統治の問題を考えてみよう。狩猟などの生産活動には危険を伴い、自分の能力と乖離する活動もある。組織的な狩猟活動が、獲物を捕獲するための効率的活動であることを知り、個々人の狩猟能力の単純な総和でないことを理解する。同質の労働力に基づく分業と協業でも、作業を単純化することで効率的な生産が可能になる。異質な労働力が得意な作業に特化すれば、分業の成果をさらに高めることができる。多様性は社会の発展の源泉であるが、分業は自動的に機能するものではない。

　狩猟の成果は、完全に個人の能力に帰することがある。しかし、そのような場合であっても、メンバー間への分配が必要になる。偶然を除き、特定の個人が獲物を獲得し続けることはない。不運な日が続けば、飢えによる生命の危機に陥る。組織としての狩猟活動とその分配は、一種の保険的な活動であり、人間が生きるための生活の知恵であった。

　メンバーは、自分自身の欲望を抑えることを学び、共同生活のルールに従うことになる。それぞれに役割が与えられると、文書による契約を交わさなくとも、暗黙的に権限や責任の意識が生まれる。それを慣習的と表現しても構わない。ルールを作り、これを実行するには、メンバーを統率する長が必要になる。狩猟活動を率いるのは、狩猟の能力に長けた体力に自信のある者かもしれない。

しかし，統治者の能力評価は，単独の狩猟活動を想定した能力ではない。組織的な狩猟活動の中で評価され，組織的狩猟の成果と効率性，そして安全性を総合した能力評価である。狩猟が組織的活動になれば，安全性を確保して，組織的狩猟の成果を最大化できる人物が統治者になり，リーダーシップを発揮するであろう。狩猟採集社会の統治者は，狩猟という目的とそのための組織的な仕組みを作り，成果の分配方法を決める人物である。現代の社会と同じく，生産技術に長けていても，組織を統率し，管理する能力がなければ，統治者にはなれない。

　分業と協業の体系は，目的を達成する手段である。必要とするモノや改善すべき問題が発見されれば，この目的に応える方法や問題解決の仕組みを提案し，これを実現するリーダーや労働力，その他の資源が必要になる。社会が必要とするモノや問題点は，容易には見つからない。

　われわれは，現在の生活を肯定し，常識の世界を創る。社会が一番重要とみなす活動は，最も常識的な活動であり，疑うことなく日々の生活の中で繰り返されている。狩猟生活の時代は，食料の確保が一番重要であり，猟はその解決手段であった。農耕社会に移行すると，土地は「豊かさ」の源泉となる。封建時代には，土地の所有者が水稲耕作によって食料を確保し，「豊かさ」を享受できた。土地をめぐる経済的対立は戦国武将の世界である。

　常識的な世界が確立するのは，ルールが作られるからである。さまざまな慣習や明示的・暗黙的な契約関係が制度として定着すると，それが常識的な世界観を形成する。目的は所与となり，これを疑う人は少ない。人々は，目的を最大化することに関心を持ち，その方法を追求することになる。それは，管理・監督するマネジメン

トの世界である。管理者は，既存の統治機構の中で効果的で犠牲の少ないガバナンスを模索する。

　他方，新たな問題が発見されると，それまで非常識な世界であったものが常識化する。稲作技術が導入されると，狩猟採集社会の常識が農耕社会の常識にとって代わる。この変革を生み出すのは，管理・監督のリーダーではなく，新たな社会を生み出す起業家的統治者である。新たな常識が数千年にわたる漸進的変化であろうと，急激に変化するものであろうと，進むべき方向を決めるのが起業家的リーダーの役割である。起業家が新たな統治機構を構築すると，既存の統治機構の価値は相対的に下がることになる。統治者は，新たな統治機構を学び，現在の統治機構を改革しなければならない。

　起業家的統治者は，狩猟採集社会の常識を壊し，新たなルールを作り上げる。誰かが定住と農耕の意思決定を行い，人々を従わせる。人々の役割分担が一度に，あるいは累積的に変化し，結果的に各人の関係が一変する。分業と協業の体系が見直され，その調整が必要になる。旧来の仕組みで「豊かさ」を享受してきた人々が抵抗勢力となり，新たな人間関係の構築を阻止しようとする。

　狩猟採集社会で高い能力を持つ人材が，農耕社会では能力を発揮できなくなるかもしれない。多くの狩猟を経験し，狩猟技術を蓄積した優秀な人間が，農耕社会への移行期にみずからの技術を捨てることは自己否定を意味する。経験と技術により尊敬されていた人々が，新たな社会に適応できないお荷物となる。

　他方，狩猟の経験や技術もない若者が，稲作の技術を取得し，時代の寵児となる。おそらく，最初に導入される技術は高度なものではないが，狩猟技術の劣位を挽回するには十分なものかもしれない。狩猟能力から水稲耕作能力が求められ，人間やその他の資源の評価

が変化し，社会における人間関係が見直されることになる。古い常識が新しい常識に変化するとき，人間関係も変わる。それは，統治者にとって最も困難な調整問題である。

　社会の変化は，生産物とその生産方法の相違によって引き起こされる。移動しながら動植物を採取する時代から，定住して稲作を中心とした社会になると，家族の在り方や社会との関わり方が変化する。土地が重要な財産となり，土地を守る仕事が生まれる。

　第一次産業から第二次産業を中心とする時代になると，社会の中心的な役割は，家族経営的な組織から大規模な株式会社の組織に取って代わる。家族の長の地位は相対的に低下し，株式会社に雇用される組織の一員となる。株式会社の長，すなわち代表取締役の地位が相対的に高くなる。株式会社の規模の拡大は，代表取締役の社会的地位を高めることになる。統治者の権限は，株式会社の規模で測定されることになる。

　戦国武将の織田信長は，国家統一のビジョンを掲げる魅力的なリーダーであった。その特徴は起業家的統治者であり，専制的な秩序やルール作りに長けていた。豊臣秀吉も，国家統一後に太閤検地や刀狩などの政策で，新たな社会秩序を作る起業家的統治者である。明治維新は，坂本龍馬のような起業家的リーダーが不可欠であった。

　時代の変革期は，マネジメント的リーダーから起業家的リーダーに地位を譲る。官僚主導から政治主導の国家運営，専門経営者から起業家による企業運営という主役の変更である。しかし，統治者の人格が入れ替わるわけではない。企業のライフサイクルは，創業期と成長期，成熟期，そして衰退期に分けられるが，創業期の起業家的統治者が，成長期や成熟期にも統治者に止まる事例は多い[1]。

図2−1　マネジメント的リーダーと起業家的リーダーの循環

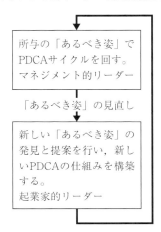

新しい仕組みの中で、みずからの目的を達成するために効率的な組織運営を追求することになる。起業家的統治者がマネジメント能力に長けている場合、統治機構は専制的なトップダウン型の仕組みを持つ傾向にある。

　起業家的統治者は、既存の選択肢より新しい仕組みとしての起業を評価する人物であり、マネジメント的統治者は、既存の仕組みの中に選択対象を求める人物である。起業家的統治者は、マネジメントによる効率改善よりも起業の成果が高いときに起業を決断する。

　起業家的統治者は、起業によって得られる成果と起業により失われる機会、すなわち起業家コスト（entrepreneurship cost）を秤にかける。起業家コストは、起業家の役割を有する経済主体が認識する起業の機会費用である。起業家コスト以上の収益機会があるとき、起業家的統治者は新しい統治の世界を創造する。

2 起業家と取引コスト

　起業家は，経済学や経営学では重要な機能を持つ。古典的な経済学ではアダム・スミスやJ.B.セイ（Jean B.Say），デビッド・リカード（David Ricardo）などにより比較的中心的な役割を演じたが，現代の標準的経済学では主要な舞台を与えられなかった[2]。その理由は，起業家の活動が終焉した市場の均衡価格に関心を置いたためである。

　完全競争市場は，均衡価格を論じるために用意された理念型市場であり，5W2Hは価格情報によって決められる。この市場に必要な条件は，供給者と需要者の数が極めて多く，個々の市場参加者は価格に影響を及ぼす程の大きさを持たず，市場価格を所与として行動する。また完全な市場情報や商品知識を持ち，売買される財は完全に同質である。取引には税や手数料などの費用がかからず，市場の参入と退出は自由に行われるというものである。

　したがって，組織の規模や価格の決定，商品やサービスの差別化，財・サービスの質の調査，多様な商品から最適なモノを選択しようとする行為，そして信頼できる取引先を探すという取引に関する人間行動のほとんどが自動的に決定される。人間は選択に悩むことのない合理的経済人というロボットである。

　他方，経済の成長や発展を描写する活動プロセスに関心を持つ人々，例えば，フランク・H・ナイト（Frank H.Knight：1921），ジョセフ・A・シュンペーター（Joseph A.Schumpeter：1926），アルフレッド・マーシャル（Alfred Marshall：1925），ジョン・メイナード・ケインズ（John M.Keynes：1936），そしてイスラエル・カーズ

ナー (Israel M.Kirzner：1979) などは，人間の行動，とりわけ，起業家の役割と経済に果たす価値を高く評価してきた[3]。

　起業家の定義は多様であるが，本書では，新たな5W2Hの提案に基づき，分業と協業を構築する人材を起業家と称し，既存の分業と協業の体系を維持する管理機能と区別する。分業と協業の新設は，社会における組織の設計であり，企業組織ではビジネスプランの提案となる。それは「豊かさ」の再定義である。経営者（管理者）は，既存の「豊かさ」を維持し，これを改善する機能を担う。

　完全競争が仮定されると，企業や家計には質量を伴う実体がなく，市場取引は摩擦なしに起動する。コストは生産活動からのリターンによりタイムレスに回収される。しかし，個々人の仕事は生産活動のみではない。分業と協業の体系を機能させるさまざまなコストが必要となり，起業家の設計により異なる統治の仕組みを要する。5W2Hが変化するたびに，この設計は見直さねばならない。統治者は，ガバナンス・コストを最小化し，生産性を向上させる分業と協業の仕組みを設計しなければならない。

　コース（Coase, R.H.）[4]とウイリアムソン（Williamson, Oliver E.）[5]は，起業家の活動する市場の摩擦的要因から，企業と市場の境界を説明する取引コスト（transaction cost）の理論を展開した。取引コスト論は，人間の意思決定に関する「限定された合理性」（bounded rationality）や「機会主義」（opportunism）に基づいている。情報収集の能力は不十分であり，不完全な情報からの選択も最適とはいえない。こうした「限定された合理性」を前提にすると，取引主体は，自己の利益を追求するような悪賢い機会主義的行動をとる。完全競争市場の仮定に現実的な諸問題を加味すれば，誰でもが理解できる応用理論である。

人間の制約された能力と自己利益の最大化を試みる取引双方の機会主義的な行動が，取引コストの発生原因であり，取引の頻度，資産の特殊性，不確実性により影響を受ける。主な取引コストは，サービスの質や価格を調査する「探索コスト」（search costs），売買条件に関する「交渉コスト」（bargaining costs），そして契約履行を確認する「監視コスト」（monitoring costs）に整理される。

　分業と協業を効率的に運営するには，取引コストという摩擦的な要因を除去することが必要になる。

　ガバナンス・コストと取引コストは，双方ともに組織の境界をめぐる機会選択である。しかし，取引コストは，探索，交渉，監視という他社との取引を主体とした概念であり，自社の理念やビジョン，戦略，企業の利害関係者の調整という経営者の視点からの分析ではない。組織選択は同じ結果になるが，ガバナンス・コストの概念は，取引コストでは明示的な分析対象にならない市場のガバナンス（market governance）と企業組織のガバナンスが比較考量される。それは，統治者と被治者に関係する制度間の選択的視点である。

　コストの概念は，目的を遂行するための機会選択であり，たとえ同一の事象であっても，異なる視点から評価することができる。起業家コストは起業家の機会選択に基づく犠牲であり，ガバナンス・コストは統治者の機会選択，そして資本コスト（capital cost）[6]は資本家の機会選択である。同一人格が同一事象を見る場合でも，その機能によってコスト概念は異なるのである。コストの議論は，本書を通じて頻繁に登場することになる。しかし，実験室は目的に応じて，空気抵抗や重力のない状態を必要とする。市場の価格メカニズムを強調するときには，取引コストやガバナンス・コストをゼロと仮定することを承知してほしい。

さて，分業と協業の仕組みが構築されると，1人の個人がさまざまな経済単位として認識される。労働力は自分の消費財を生産するためではなく，他人の消費財需要を満たすために費やされる。目的を達成するために，土地や労働力，資本の需給を調整し，5W2Hの基本問題に答えなければならない。

　社会制度の相違は，分業と協業の仕組みや役割分担に表れる。資本主義経済では，個人の合理的経済人モデルが，市場経済の仮説の中に埋め込まれる。個人は，市場メカニズムによる分業と協業の体系の中で，さまざまな経済主体の側面を持つ。1人の人格の中に消費を需要する顔と，労働力や土地，資本を供給する顔が同居する。市場経済は分業と協業の1つの形であり，自分の目的を遂行するために，他人の活動に依存する社会である。自分の労働と他人の労働を比較し，自分の経営と他人の経営を比較し，自分の貯蓄と他人の貯蓄を比較する機会選択の社会である。機会選択の結果は，多様な顔を持つ個人が，自己責任の原則に基づき所有権を交換することで市場価格に反映される。

　1人の個人は，多様な機能を有している。自給自足経済では，農家の顔と鍛冶屋の顔，職人の顔，建築家の顔，料理人の顔，預金者の顔，銀行業の顔，投資家の顔など，すべての顔が1人の人格の中に存在する。この個人の持つ機能を分化して，他人の機能と交換するプロセスは市場形成であり，分業の進展である。すべての機能をミクロ単位に細分化できるとすれば，新古典派経済学が仮定する完全競争市場の分業と協業の体系が出来上がる。

　他方，市場を持たない社会主義国家があるとすれば，企業と家計という分類は意味を持たない。家計は，消費者であり労働力の供給主体であるが，統一された意思決定主体のもとに，消費者の必要な

財・サービスをみずからの労働力で生産することになる。分業は成立しているが，企業と家計の間には所有権を交換する市場が存在しない。財・サービスの種類や大きさ，生産方法とその所得の分配は国家が決める。消費の大きさや種類などは国家の生産計画に託されるため，貯蓄と投資の決定主体も家計ではない。すなわち，消費と貯蓄の比率や消費財と資本財の種類，そして生産方法を決めるのは国家になる。国家が集権化された1つの意思決定主体となり，1人の合理的経済人としての意思決定を行う。

分業と協業の仕組みが，社会全体のあり方によって決まるとなれば，当該社会の内部組織も社会全体のあり方に従わねばならない。社会の目的が与えられると，これを達成するための組織を作り，目的達成の手段が選択され，上位目的から下位目的まで目的と手段が階層化する。この目的と手段の階層化は，人々が役割を分担する組織の階層化であり，社会の統治機構を意味する。国会と地方議会の関係，親企業と下請けや孫請け企業の分業関係は，階層化した統治機構である。

現在では，すべての財・サービスを1つの国で賄うことは難しい。国家は，ある一部の財・サービスを自国で生産し，その他の財・サービスを他国に委ねている。すなわち，各国は，独自に分業と協業の範囲を決めているのである。それは，国による戦略であり，事業領域の決定を意味する。

3　起業家の権力源泉と権限の委譲

統治者による秩序や社会制度の設計は，統治者と被治者の約束事であり，暗黙的・明示的なある種の契約関係である。契約関係を遵

守する限り，人々の自由は保障されるが，違反者の行動は規制される。それゆえ，制度やルールの設定は人間行動を型にはめる。型に適した人間は有利な地位を与えられ，型からはみ出す人間は不利益を被る。陸上競技で右回りに走るのが得意なランナーは，左回りの競走競技を作らない。ゲームの目的とそのルールを作ることができれば，ゲームで勝つのは容易になる。製品やサービスの規格も同様である。

　ゲームの策定者は起業家的統治者であり，既存のゲームに従うのはマネジメント的統治者である。起業家的統治者は，戦略を策定する以前に制度やルール，あるいは標準を設計する。この起業家による制度の設計によって，個々人のポジションが決められることになる。有利なポジションにあれば，能力の有無にかかわらず，少ない犠牲で大きな成果が期待できる。誰が制度やルールを作るかはゲームの参加者にとって関心事となる。ゲームを有利にプレイするには，ルール作りから参加することが望ましい。国家の秩序も，国際ルールも，制度設計に関与しなければ不利益を被る。選挙権は，国や地方のルール作りに参加する権利である。

　ルールを知ることはゲームに参加する条件であり，これを熟知することで，より高度な戦略や戦術を策定できる。しかし，ゲームのルールが変化すると，プレイヤーの相対的な地位は変化する。これまでの戦略や戦術が有効でなくなり，経験やノウハウ，磨かれた技術や能力が失われる。ルールの変更は，新旧ルールの利害関係者間の衝突の結果である。これまで培った能力は，ルールの変更で大きく変わるためである。

　秩序や制度などルールを変えることができるのは権力である。権力を有する人は統治者となり，人を強制的に服従させる仕組みを作

ることができる。独裁者は，常にみずからに都合の良いルールを決める。しかし，理不尽な制度やルールによって虐げられた人々のエネルギーが蓄積し，政権交代や革命というような事態に至れば，統治者と被治者の地位は激変する。源頼朝は東国の武士たちに土地の所有権を保障する新たな制度やルールを提案した。一方，武将として魅力的な義経は，旧来のゲームの中で戦術を駆使した英雄であった。権力は，新たな制度を作った頼朝に集中し，武将としての義経の能力は生かすことができなくなった。企業内のリーダーも同じである。

現代では，イノベーションが企業間の相対的な地位を変化させ，既存の権力を有する古い経営者の地位を揺るがすことになる。起業家は，新たな製品やサービス，生産方法や販売方法などを提案することで権力を手に入れる。起業家は新たな取引の市場や企業の仕組みを制度化することで，ゲームを有利に行うことができる。ゲームの設計後は，ルールを遵守し，上手にプレイする経営者や従業員が必要になる。

統治者は，その権力によって秩序や制度を設計し，ある特定の範囲の職能を持つ人間に対して職務執行の権限を与える。権力者の重要な仕事は，一定の権限を委譲し，権限の執行者を任命することである。権限執行者がその職責を果たせない場合には，権力者の責任となる。統治者の提案を実現するために，任命された権限執行者は，与えられた目的を実現するために役割分担を行う。すなわち，組織設計である。

組織は，目的を達成するための分業と協業の体系である。分業と協業は，目的と手段の体系として設計され，上位の目的を達成するための手段として下位の組織が作られる。上位の組織の権限執行者

は，その手段となる下位組織に権限を委譲する。下位組織の権限執行者がその職責を果たせない場合は，権限を委譲した上位組織の権限執行者の責任となる。社会の制度は統治者を頂点にして，権限と責任の体系として示されることになる。

各省庁や独立行政法人は，法律に基づいて国のビジョンを実行するための組織であり，それぞれに権限と責任が与えられている。営利法人や非営利法人の統治者に与えられる権限と責任も，国家の下位組織として定められている。医療や介護，教育なども，それぞれに実現すべき目的が与えられる。国民皆保険制度に基づく医療制度や習熟度を問わない教育機会の提供などは，日本的医療制度や日本的教育制度として特徴づけられる。

いずれも，日本の統治者が目標とする国家ビジョンを実現するための下位制度である。それゆえ，医療や教育の日米比較は，全体の制度設計との整合性との関係を論じなければ意味がない。同様に，各国の企業経営も，国家の統治構造の中で形成されていることを忘れるべきではない。

各組織は，委譲された権限に基づいて，上位の目的に適うように5W2Hを検討し，PDCAサイクルを回すことになる。統治者の目的がどの程度達成されたかを測定し，これを評価して次の計画策定に生かす活動がなければ，社会は発展せず，同じ過ちを繰り返すことになる。

統治の仕組みは，この一連のPDCAにおける権限と責任を明確にすることである。計画と執行，評価や監査が独りに集中すれば，独裁的な統治機構となる。それぞれの役割を複数の人格で分担すれば，権力は分散し，民主的な統治機構となる。権力の分散は意思決定と実行のスピードを犠牲にするが，統治目的に適う活動が行われてい

るか否かを監視することは重要である。しかし，誰が統治者であるかにより，ガバナンス・コストが異なることは注意すべきである。

　社会の制度や秩序は，PDCAのサイクルを回しながら，統治者の提案を実現していくことになる。政治家と官僚組織，司法組織などの組織設計，さらには個々の企業組織と家計が国を形づくることになる。

4　ガバナンス・コストと起業家コスト

　目的を達成するためのいかなる活動も時間を伴う。目的は瞬時に達成される目的から数年後，あるいは数十年後を視野に入れた長期の目的まで多様である。短期の目的は，期待値と実現値の乖離が小さい。他方，長期の目的は，成果を実現するまでの準備的な活動期間が長い。すなわち，遠い将来のリターンを実現するために，現在から将来にわたりコストをかけることになる。時間の経過に伴う環境変化は，期待値と実現値の乖離を生み，次章で詳述する利潤（profits）や損失（loss）をもたらす（図2－2）。

　1つの目的を達成するには，その目的を達成するための下位目的があり，下位目的のそれぞれに異なる活動時間が想定される。建設計画の工程管理と同じく，各活動のスケジュール調整は，最終的な目的の達成で1つに統合される。しかし，環境変化は，各活動レベルの期待リターンを変更し，その修正が準備活動を変更させ，コストの変化に導く。したがって，目的達成の長期化は不確実性を高め，活動プロセスにおける利潤と損失の把握を困難にする。このリスクは，統治者のガバナンス・コストを上昇させる。

　それぞれの目的は，意識的か無意識的かに関わらず，実現値の有

図2－2　期待値と実現値の乖離と利潤・損失

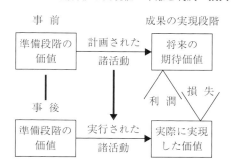

効性と効率の検証，収益と費用の計算をしながら，新たな目的の設定とその実現のための活動につなげられる。このプロセスは，PDCAサイクルである。

　国家のガバナンスであれば，目的に応じて，立法府や行政府などの制度を設計し，省庁等の官僚による管理・監督や一般管理費的な活動が行われる。国家統治のための防衛や警察，消防などの諸施設の設置，交通網の整備や上下水道，医療・介護の施設の建設，その国の繁栄に必要となる人材育成などの活動が含まれる。企業であれば，その企業組織を維持・発展させるための一切合切の活動である。

　統治の意思決定は具体的な行動に結びつき，PDCAのプロセスが必要となる。統治者が期待していた以上の成果を実現すれば利潤を享受し，期待以下であれば損失となる。もちろん，統治者の利潤・損失は被治者の利潤・損失と比較考量される。被治者の犠牲（租税や労役）が統治者の成果を上回る場合には，永続的な統治の成功とはいえない。すなわち，統治の過程で利潤を享受する者と損失を負

図2－3　ガバナンス活動のフローとストック

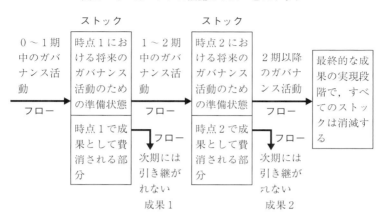

担する者の利害調整が必要となる。統治者のガバナンス・コストはこの調整コストを含む。それゆえ，現状と異なる長期の制度設計はコストの上昇要因である。

　ガバナンスのための日々の活動は，フロー（flow）の概念でとらえられる。この活動が積み重ねられると，ストック（stock）化する。ある時点では，過去からの蓄積された状態が所与となり，次の意思決定をしなければならない。統治者は，ある特定の5W2Hを選択し，その目的を達成するための諸活動を取りまとめてきた。日々の諸活動は有形・無形のストック化された資産や制度となり，統治者の意思決定の前提となっている（図2－3）。

　統治者は，過去のガバナンスの結果を所与として，追加的な活動を選択することになる。現状を維持すればよいのか，新たな資源の投入や制度設計が必要になるかを比較考量する。起業家的統治者は，新たな5W2Hの構築に際して起業家コストを認識する。他の5W2H

の選択肢を列挙し，最大の成果を得る機会を選択しなければならない。ガバナンス・コストの上昇は，新しい統治構造が相対的に魅力を増していることを示している。それは現在の統治構造を維持するコストの上昇である。他方，起業家コストの上昇は，現在の統治構造が魅力的であるため，新しい統治構造の選択を思いとどまらせる。ガバナンス・コストと起業家コストは，異なる方向のコスト概念となる。

　一般に起業家的活動は，現状の活動が十分な成果を伴っていない時，あるいは目的と手段の整合性が取れないときに生じる。こうした矛盾の蓄積は，被治者の増加により加速度化する。他人の関与はさまざまな煩わしい問題を生む。

　被治者の増加は，目的に対する考え方やその実現方法など，求める解を増やし，ガバナンスの仕組みを複雑にする。同じ目的を持つ組織でさえ，PDCAサイクルを回すうちに目的に対する距離感が相違してくる。志を同じくして結党した政党が，数年で袂を分かつことがある。実現方法をめぐる組織設計についても多様な解があり，これを調整する必要が生じる。組織の管理や統制は，個人のそれとは異なる次元のものとなる。組織の規模の拡大や対象が広がるにつれて，ガバナンスによる限界的な収益が低下し，ガバナンス・コストは逓増すると考えられる。そのため，成果の有効性や効率との比較をしつつ，ガバナンスの範囲を決めることが重要になる。これは取引コストに関わる問題である。

　ガバナンス・コストは，目的によって異なり，技術の成長や発展によって変化する。盤石とされた巨大国家が小さな内部分裂から崩壊に至ることがある。多くの利害関係者を抱える巨大株式会社も，成熟分野から成長分野への資源移転に失敗すれば倒産する。新興企

業が，成長余力を残したまま資金繰りに窮して突然倒産することがある。いずれも，ガバナンス・コストの上昇に対処できなかったことに原因がある。

　過去の努力により蓄積されたストックは，内外の環境変化で価値を無くすことがある。徐々に減価する場合は対処が容易である。減価する期間にわたり，徐々にフローの方向を修正して新たなストックを構築しなければならない。減価償却費を更新投資に充てるのではなく，新規の投資先に振り分けねばならない。

　もちろん，この減価に気付かない統治者は失格であり，統治の失敗につながる。PDCAサイクルは，チェック段階の適切な評価が必要なのである。会計情報やその他の客観的な数値による評価は，常に共通尺度と主観的尺度の差を問題にしなければならない。主観と客観の差は，質の評価である。情熱や努力，創意工夫，リーダーシップなど，客観的な数値で評価できない部分を適切に評価して，次のアクションに結びつけることができなければ，ガバナンスは失敗する。

　革命的な思想や革新的な技術の登場は，積み重ねてきたストックを瞬時に無価値にする。従来のガバナンス機構に対して，選択可能な新たな機構の魅力が高まれば，ガバナンス・コストは上昇する。統治者が，ガバナンス・コストの上昇に対処できなければ，交代しなければならない。

　中央集権的な組織と地方分権的な組織の選択，新たな会社法の制定，会社組織における持株会社制度や事業部制，あるいは分社化などの選択は，ガバナンス・コストと関係する。企業経営者の意思決定は，ほとんどガバナンス・コストに関するものである。

　官僚的な管理者は，既存の統治機構の中でガバナンス・コストを

下げる努力を行う。しかし，起業家的統治者による魅力的な統治機構が誕生すると，既存の統治機構のガバナンス・コストが相対的に上昇することになる。既存の統治者は，新たな統治機構を模倣し，ガバナンス・コストを低下させねばならなくなる。すぐれた統治機構は統治者に利潤をもたらすため，既存の統治機構を駆逐することになる。利潤を追求する統治者は，組織の内外環境に適した統治機構を模索し，ガバナンス・コストの最小化を目指すことになる。

【注】
（1） Kamekawa Masato (2012).
（2） スミスはイノベーションの効果を意識しつつも，その機能の理論的な研究は無視したという解釈がある。リカードは起業家＝資本供給者としてとらえ，企業家精神は無視した。他方，フランクナイト（Frank Knight）は，起業家の不確実性に挑戦する機能に着目して利潤概念を考察している。J.B.Sayは，企業家精神は不確実性の存在のみならず，ビジネスや世界に関する特別な知識や判断力，忍耐力の中に重要な特徴があるとした。セイは，資本供給と起業家精神の機能を区別することで，利子と利潤を定義する。Cf., Parker, D. & Stead, R.(1991)。
（3） 起業家に関する定義はさまざまである。例えば，ナイトは不確実性と結びついた危険負担者としてとらえ，シュンペーターは均衡を破壊する革新者，マーシャルは超長期の準レント概念で起業家能力を説明している。ケインズは起業家の投資活動をアニマルスピリットとしてとらえ，カーズナーは不均衡を発見し市場の均衡メカニズムを駆動する調整者とした。この他にも，金融資本の供給者，意思決定者，産業の指導者，管理者あるいは監督者，経済資源の組織者あるいは調整者，企業の所有者，生産要素の雇用者，請負人，鞘取り業者，選択可能な複数の用途に資源を配分する者など，研究者のテーマに応じて，その異なる職能がクローズアップされた。Cf., Hébert, R.F. & A.N. Link (1982), 邦訳 (1984) pp.182-186参照。

(4)　Coase, R.H. (1937).
(5)　Williamson (1975) (1981).
(6)　資本コストが経営学に応用されるようになったのは，50年代以降であり，その嚆矢となったのはDean, J. (1951) である。Modigliani, F., and M.H. Miller (1958) の論文を契機とした資本コスト論争は，この概念の普及に貢献し，現在のコーポレート・ファイナンスの基礎を構築する。

第 3 章
利潤と「豊かさ」のガバナンス

1　合理的個人のガバナンス

　人間は自然の中で生かされている。個々の生命体としては非常に弱い存在である。多くの哺乳類が群れを成して生活するように，人間も集団生活を営むことで自然に対応してきた。動物の群れには本能的に定まった一定のルールがある。群れを支配し管理や保護をするボスは，外敵からの脅威に際して群れを守る責任も課されている。その仕組みは自然の摂理であり，自然環境に適合する仕組みとして成立している。

　われわれ人間は，安全で豊かな暮らしを希望している。そのような暮らしを実現するために，人々が集い，集団としての社会を構成する。時代により，個人と社会の関係は異なるが，いつの時代にも社会を統治する権力者が存在している。現代社会では，各個人が自立し，自己の責任においてみずからの将来や現在の行動を意思決定することが求められる。

　自立した個人を前提とする社会では，個人が自立できるための統治が必要になる。個人は社会の一員であり，統治された社会の中で個々人の責任を全うしなければならない。それゆえ，社会と隔絶す

るような状況であってはならない。社会科学という学問の領域は，社会の中で人間をとらえている。

　しかしながら，隔離された完全に孤立した世界を想定することで，人間の合理的な意思決定をモデル化できる。このモデルは，他人が存在することで生じる諸問題を回避できる。完全な自己統治の世界である。それは極めて特殊な状況であるが，自然科学のように実験室を想定する演繹的モデルの構築になる。空気抵抗のない世界で重力の理論を構築するように，個々人が他人の影響を受けず，完全に独立して自分自身の生活のために活動する合理的経済人の想定である。

　合理的経済人は，各時点で一番必要な財・サービスをみずからの判断で決定し，生産しなければならない。所与の5W2Hの下で自分自身のために必要とする財・サービスを最も効率的な方法で生産する。隔離した世界では，WhoとWhomは，ともに同一の人格である本人である。目的は豊かな消費生活であり，生産活動の成果は，消費されることで「豊かさ」を実感させる。

　生産活動は，労働力と自然資源（土地），そして道具（資本）の結合であり，その成果は，労働力に対する賃金，土地の地代，そして資本の利子として分配される。人間の生産活動は，労働力と土地といった自然の制約条件を克服するために資本を用いる。資本とは，過去の活動のストックであり，有形の生産手段のみならず，蓄積された知識や技術などの無形の生産手段を含んでいる。受験勉強の知識が蓄積されるように，生産ノウハウ，統治の仕組みも蓄積された道具であり，資本である[1]。

　合理的な個人は，土地，労働力，資本の最適な組み合わせを考える。その組み合わせは，最小のコストで最大のリターンを得るよう

に工夫されるが，完全な知識を持たない人間の行動は試行錯誤的である。その結果に失敗はあるが，事前の意思決定段階では合理的であり，最小の犠牲で最大の成果をもたらす機会を選択しようとする。1時間の労働時間に漁を選択すると，その時間の果実採取や狩猟活動を諦めねばならない。何を消費したいかという主観的な効用（utility）とこれを得るための犠牲，すなわち，主観的なリターンとコストの比較で生産活動を決める。

　漁の選択は，魚を消費することの効用とその他の消費から得られる効用をコストに応じて秤にかけている。選択時点において，果実の消費が魚の消費より高い効用を期待していれば，漁の選択はない。合理的な選択とは，意思決定段階の機会選択であり，消費段階において選択の失敗に気付いても，過去の意思決定は取り返しのつかない費用である。これは埋没費用（sunk cost）と呼ばれる。過去の活動はやり直すことができない。積み重ねられた努力や蓄積された道具は，変更することのできない事実である。統治者が合理的意思決定者であれば，埋没費用に拘泥してはならない。意思決定は機会の選択であり，取り返しのつかない過去を清算することが，統治者の仕事である。

　自給自足の社会では，消費と生産の活動が同一人格の中で完結される。それゆえ，目的をめぐる軋轢は存在しない。利害関係者が存在せず，他人との役割分担や他人と協力して活動することはない。生産活動に分業と協業が存在しないため，生産活動の成果はすべて個人に帰属する。何を，どれだけ消費したいかを決めれば，何を，どれだけ生産すべきかが決まる。個人の効用が最大になるような生産物の種類や質・量が決まり，その生産により最大の価値を期待することになる。合理的な判断で最も効率的な生産方法が選択され

る。

　最大の価値を得るために，最小の犠牲で活動することは合理的である。消費主体として認識された個人は，効用最大化を目指し，生産主体として認識される個人は，利潤最大化の行動を選択することになる。もちろん，消費者も生産者も同一の個人であるため，効用と利潤は矛盾しない。

　土地，労働力，資本の制約条件の中で，個人の「豊かさ」を追求するモデルを構築する。個人が現在および将来の消費生活を計画し，みずから描く消費生活に適した生産活動を設計する。日々の生活がパターン化すれば，それは生活慣習や個人的な秩序を形成し，1つの制度となる。所与の環境のもとで，みずからの生活に変化の選択肢がない限り，次のガバナンス・コストはゼロである。5W2Hに変化の期待がないからである。

2　フロー・ストックと利潤・損失

　徘徊する人間の行動には目的がない。目的がなければ，その行動の合理性を検討する必要もない。しかし，人間の行動には，その多くに目的があり，意識するか否かに関わらず5W2Hの整合性を問うている。「何も考えずに休暇を楽しむ」という場合でも，仕事のことを「考えず」，仕事を「休む」ことが目的である。仕事のことを忘れさせることを考え，仕事以外のことに熱中することが合理的選択となる。

　孤立した世界では，目的の選定や優先順位は，1人の個人の中で完結する。しかし，複数の人間が集えば，相互に干渉しながら目的を選択し，その優先順位を検討しなければならない。人間関係によ

って制約された目的は，もはや個人が自由に選択した目的ではなく，ある種の妥協の結果となる。個人の目的は，他人による何らかの影響を受けた中で選択することになる。そして，この目的を達成する際にも，個人と組織の選択が必要になる。

目的達成手段の選択は，目的達成による成果と達成するための犠牲，すなわち収益と費用を秤にかける。これは，目標設定時点に期待した成果がどの程度達成できたかを示す有効性と，その成果を実現するための犠牲の多寡に関する効率[2]の比較として考察することができる。

個人による仕事の有効性と効率は，選択した目的とこれを達成するための本人の努力に依存する。自己統制もしくは自己管理である。容易に実現しそうな目的を設定すれば，努力は少なくて済む。高い理想を掲げれば，目的の達成に時間もかかり，多くの努力が必要になる。

しかし，目的達成は満足感や価値の実現ではない。設定した目的の実現に多大な労力を費やし，目的通りの成果を実現した場合でも，その実現価値は当初の期待価値とは異なる。例えば，難関と称される法曹資格や公認会計士などの国家資格を取得しても，これを生かす仕事に就けなければ落胆する。目的の設定段階では価値が期待されても，その実現段階では，目的自体の価値が減損することがある。もちろん，その逆に期待以上の価値に導くこともある。

目的は，その設定時点で価値を評価するが，時間の経過に伴う環境変化で，目的自体の価値が増減することになる。収益は実現するまで確定しない。これは不確実性（uncertainty）やリスク（risk）に起因する問題であり，利潤や損失の原因となる。利潤とは，当初の計画で期待した成果より，実際の成果が超過する余剰部分を示し，

損失は実現値が期待した成果を下回る部分を意味する。PDCAサイクルが，利潤と損失を評価して実施されるのは当然である。

　市場価格という客観的尺度がなければ，個々人の目的達成の成果は，貨幣による収益概念ではなく主観的な満足度，すなわち効用で量られる。複数の人間が設定する組織の目的に，個々人によって異なる価値を持つ。それゆえ，組織目的の価値は，組織構成員の主観的効用を集計した値となる。各人の予定する効用は期待リターンとなり，その実現によりコストに応じたリターンが配分される。実現した効用が期待以上であれば，その配分も期待以上になる。この期待と実現の乖離は，期待リターンとコストの差額である利潤と同じである[3]。実現値が期待リターンを下回れば損失である。

　いずれにしても，時間の経過は，期待値と実現値に乖離を生じる。収益は，計画段階と実現段階で異なるものである。この乖離は時間の経過に伴う不確実性やリスクである。不確実性やリスクが高ければ，努力が報われない可能性が高まる。それゆえ，期待される成果が大きくなければ行動に移すことはない。リスクが高ければ高いリターンを期待することになる。

　われわれは，一定の期待に基づいて活動する。最終的な成果が実現するまでは，その活動は成果を得るための準備活動である。日々の活動（flow）のうち，最終的な目的の達成に貢献する部分は蓄積（stock）される。ストックは財産概念と同義である。財産は将来の消費のための蓄えであり，将来に備えた準備である。将来の消費は，現在の消費に置き換えることで価値が比較できる。これは現在価値計算である。将来消費の現在価値は財産価値になる。努力が積み重ねられていくことで蓄積され，成果が期待できるのである。成果に近づけば近づくほど，ストックの評価は明確になる（図3−1）。

図3－1　財産の価値と将来の消費の価値

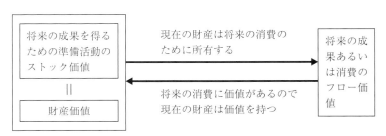

　目的が短期間で達成される一度限りのものであれば、ストックの価値は、一度の結果で清算され、これまでの努力が期待通りか否かの判別が可能となる。秒単位で結果が清算できればストックの概念は意味がなくなる。しかし、一般には、期待と実現値との差を認識するために時間が必要となり、活動の修正に時間がかかる。何をすべきか、何を止めるべきか、この判断が重要になる。

　朝起きて、今日1日の目的が設定されれば、夜には結果が清算される。自分の活動結果が目的を達成したか否かを評価する。活動に費やした犠牲が期待通りの成果であれば、収益（効用）と費用が一致する。期待以上の成果であれば利潤があり、期待以下の結果であれば損失を認識する。連続的に清算活動が行われていれば、参入と退出が瞬時に行われており、利潤と損失は認識できなくなる。

　マーシャルの準レント（quasi-rent）[4]は、時間の経過に伴う期待と実現値の乖離を認識する概念である。期待された成果と実際の成果が異なっても、過去の活動は修正されず、新たな活動も過去の活動のプロセスにあるため、その修正には時間がかかる。

　目的実現までの活動は時間の経過を伴う。最終的な目的の実現ま

で，その活動プロセスは目的と手段の連鎖となる。医師の国家試験に合格するには，医学部の入学と卒業が必要である。大学の医学部を受験するために，医学部受験のための予備校で入試の準備を行う。いずれも，医師の国家試験に合格するための目的—手段の連鎖である。

各時点の活動が，すべて国家試験の準備に充てられているわけではない。生活時間の一部は食事や睡眠時間として消費される。娯楽や受験目的以外の活動も行われる。受験勉強に専念しても，すべてが記憶されるわけではない。それゆえ，日々の活動のうち，受験の準備として蓄積される活動は一部に過ぎない。しかしながら，国家試験の合否確率は，医学の知識が蓄積することで高まる。勉強不足は不合格の確率を上昇させる。努力しても，その活動が受験に適合していなければ価値がない。いずれにしても，国家試験の受験段階でその活動の成果が清算される。

もちろん，医師として患者の診察に必要な知識や技術は国家試験に合格した後もストックとして残され，医療サービスを提供するための資産として価値を維持し続ける。土地が減価償却しないように，永久にサービスを提供し続ける基礎的な知識や技術がある。このように減価しない知識や技術がある一方で，新たな医学の知識や医療技術の進歩により陳腐化する知識や技術は，そのストックとしての価値を失っていく。

国家試験に合格することは，医師になることが目的である。医師の仕事が当初考えていた以上に充実し，満足するものであれば期待を超える効用を得たことになる。これは利潤の獲得と同義である。他方，医師の仕事に不満を覚えることになれば，医師になったとしても，その努力は報われなかったことになり，損失を被ることにな

る。しかし，医療従事者としての活動に従事する中で，日々の努力と成果は変化する。利潤と損失は繰り返されることになる。

　生産活動の事例で考察してみよう。パンの生産と消費が１日で完了するのであれば，パンの生産のための努力はその日のうちに評価される。パンの消費が目的であるため，成果は消費により実現する。１日という時間の範囲で，費用と収益が対応する。

　パンの生産に時間がかかるのであれば，その努力はパンが完成して消費されるまで蓄積されている。パンは消費されるまで費用として認識されず，ストックとしての価値を持つ。パンの生産プロセスでは，小麦や小麦粉がストックとして存在している。小麦の生産目的は，小麦粉を生産するための手段であり，小麦粉はパンを生産するための手段である。小麦や小麦粉は，完成されたパンとなり，これを消費する段階で価値が実現する。すべてが消費されればストックはゼロとなる。多くのパンを消費したいと考えれば，それだけ準備をしなければならない。

　小麦や小麦粉，そしてパンの生産も，生産すること自体に目的はなく，消費が目的である。栄養の摂取や満腹感，美味しさなどが目的の達成度を評価する。生産のための努力以上の効用を得られれば，収益が費用を上回り，利潤を獲得したことになる。成果が期待以下であれば損失である。

　目的の達成が連続的かつ継続的であれば，期待値と実現値も連続して評価しなければならない。パンが完成し，消費する段階で，小麦の栽培や小麦粉の製造・加工が行われていれば，連続的で継続的な評価が必要になる。ある段階では，パン，小麦，小麦粉のそれぞれがストックとして存在している。医師の診察や治療に関するノウハウも同じである。継続企業（going concern）であれば，常に調

第3章 利潤と「豊かさ」のガバナンス | 43

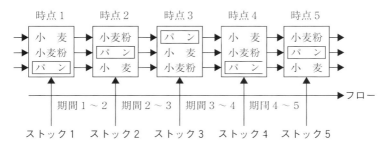

図3-2 連続的な生産と消費のフローとストック

達・生産・販売の活動が行われ，今期の目的達成のための活動と将来の目的達成の準備活動をフローとストックで評価する（図3-2）。

利潤と損失の概念は，期待値と実現値をフローとストックの両面でとらえる概念である。会計上の貸借対照表はストックを計測するものであり，損益計算書はフローの計測となる。ファイナンスでは，ある時点の株式および負債の時価総額がストックであり，支払利息，配当および値上り益が一定期間中のフローである[5]。

統治者は，利潤と損失により責任が問われる。PDCAは，利潤と損失の評価と確認の作業であり，この過程が5W2Hの見直しと再構築につながり，新たなPDCAを実施することになる。

3　時間の経過と個人の選択

生産活動は時間の関数である。最終的な消費財の生産はさまざまな工程に分かれる。米を生産するために鍬や鋤（あるいはトラクター）が必要になれば，生産活動は，米を作る消費財生産と鍬や鋤を作る

資本財生産に分類される。また，家計の消費も，現在の消費と将来の消費，すなわち消費と貯蓄に分けられる。

　分業の成立は，経済活動の諸機能を人格から切り離す。生産活動と消費活動は，異なる意思決定主体が担うことになる。特定企業に労働力や資本を提供する者が，その企業の生産物を消費するとは限らない。米農家と米の消費者が遠く離れた場所で生活し，農家と鍬や鋤の生産者が会うこともない。食品メーカーが食品を生産するとしても，食品工場は建設会社が建設し，工場の工作機械は工作機械メーカーが生産する。このように分業経済が発達することで，生産と消費，貯蓄と投資の人格的な分離をもたらすことになる。

　時間的には，現在の消費と現在の生産は一致しない。工作機械の生産や工場の建設など，人は所得の中から貯蓄をし，これを投資して将来の消費に備える。貯蓄は，各家庭で保存される消費財だけでなく，将来の生産活動に備えて，新たに作り出される生産手段の形をとる。食品メーカーは，みずからの貯蓄により他人が生産した資本財を購入できる。

　貨幣経済が発達し，金融市場が形成されると，他人の貯蓄を利用した投資活動が可能になる。今期の消費を控える貯蓄者は，将来の消費を増やすための生産活動，すなわち投資活動に従事する人々の生活を支える。現在の消費を担う消費主体，現在の消費を耐忍して所得の一部を貯蓄する貯蓄主体，そして，現在の消費活動のために生産を行う生産主体，貯蓄を利用して将来の生産活動に備える投資主体という分類である。いずれも，同じ人間を異なる機能の側面から見るものである。

　時間の概念を無視できれば，不確実性やリスクの問題も不問に付せる。目的を達成するまでに時間がかからないため，準備段階のス

トックとフローを分ける必要もない。これは静学的な考察である。時間概念を導入すると，動学的な思考になる。目的達成までに時間が必要となり，目的達成のプロセスで，過去の努力が目的の実現に対して合理的であるか否か，目的達成にどの程度効果的な準備となっているかを評価することになる。それはフローとストックの評価を必要とする。

　時間の価値を問題とするため，再び合理的個人を導入しよう。合理的個人の現在の活動は，将来の目的達成のプロセスとして位置づけられる。米を生産するために，鍬や鋤を生産する。将来の成果（消費）を増やすためには，そのための準備（貯蓄＝投資）をしなければならない。将来の成果に対する期待が高ければ高いほど，準備をするための努力を惜しまない。将来の成果は，個人の効用により測定される。生産物の増加と効用の増加は同一ではない。余剰の米があるときに，米の増産準備はしない。時間軸の導入は，意思決定プロセスにPDCAサイクルを組み込むことになる。ガバナンス・コストの上昇を認識すると，5W2Hの修正が必要になり，準備した活動を見直すことになる。

　合理的個人の投資活動は，現在の消費ではなく将来の豊かな消費を実現するための準備活動である。投資に必要な生産活動を見積り，その配分を決定しなければならない。1日の生産活動のうち，今日の消費のための活動時間と明日以降の消費（貯蓄）のための活動時間の選択である。将来の消費が現在の犠牲を上回る効用を期待させなければ，投資は行われない。将来消費の選択は，貯蓄行為であり，資本形成を意味する[6]。

　消費と貯蓄（投資）は，個人の時間選好（time preference）の問題である。芋を収穫するために，鍬を作るか否かの機会選択を考えて

みよう。鍬を持たず，芋ほりに専念すると，1日10時間の労働で5個の芋を消費できる。他方，鍬があれば，1時間に5個，10時間で50個の芋を収穫できる。鍬の生産に1日分の労働時間を費やすとすれば，今日の芋5個を犠牲にすることになる。鍬を作るという投資決定は，今日の芋5個と鍬の耐用年数にわたり毎日生産される50個の芋の比較である。明日以降の芋50個の価値が今日の5個の価値を上回るときに，投資決定は合理的となる。

　もちろん，今日の芋の消費を延期できなければ，鍬は生産されない。投資決定は，消費を延期（貯蓄）するか否かという判断に依拠するのである。それは，現在の芋と将来の芋の価値の比較でもある。鍬は，将来の芋の価値で測定される。それは主観的な効用に基づく，主観的な財産の価値となる。

　貨幣経済を想定すれば，時間選好は貨幣利子率で示される。貨幣という一般的な等価物で測定されることで，財産価値も客観的な価値尺度で表すことができる。現在の貨幣を選好することは，現在の消費を選好することを意味する。

　例えば，現在100万円の貨幣を手放して投資すれば，現在の貨幣で購入できる100万円分の消費を犠牲にすることを意味する。このとき，1年後の110万円の消費が現在の100万円の消費と同等の価値と考えれば，現在の貨幣100万円は将来貨幣110万円と等価となり，時間選好は10％の利子率となる。1年後の110万円の現在価値は100万円になる。合理的な個人は，10％以上の利子が期待できるときに現在の100万円を投資に回すことになる（図3－3）。

　今年の所得が賃金と地代の300万円と仮定しよう。すべてを衣食住に消費すればストックとしての資本は形成されず，翌年も300万円の所得が期待される。しかし，消費を200万円に抑え，100万円

図3−3 将来価値と現在価値

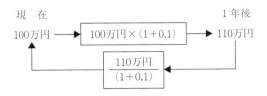

図3−4 貯蓄・投資と利子

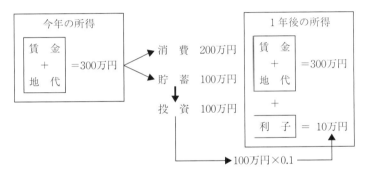

を貯蓄して設備投資に回せば10％の利子を生む。それは，従来の所得300万円に10万円の利子が加算されることを意味する[7]。現在の消費を諦めることで，将来の成長が享受できる（図3−4）。

統治者にとって，時間選好は社会や組織の成長に関わる関心事となる。資源の多くを消費財の生産に回せば，現在の暮らしは豊かになる。一方で，資本財や資源開発などの産業に回せば，将来の消費増加が期待できる。アリとキリギリスの選択である。

利子率の上昇は投資リターンの増加である。現在の消費を耐忍するインセンティブが働き，将来の豊かな生活を期待させる。しかし，

将来の備えが十分であれば、追加的な投資の価値は低下する。すでに十分な消費を実現できているなら、将来消費の限界効用は高まらない。すなわち、将来に対する準備が整えば整うほど、総効用は高まるが限界効用は逓減し、期待される利子と利子率は低下することになる。現在の統治構造の中で将来の備えが蓄積していく。

　貨幣経済では、利子はキャッシュフローの形態をとる。時間選好の利子率が決まれば、準備される資産の価値は、将来キャッシュフローを利子率で割り引いた現在価値となる。それは所有する財産の価値である[8]。n年後の将来にわたるキャッシュフローCFが期待されると、現在価値PVの計算は以下のように示される。CFは、準備した資産を用いて生産活動を行った利子であるから、将来に支払う賃金や地代などの諸経費は支払い済みの値である。貨幣で表現できない場合には、安心や安全、精神的な安定、人々の信頼関係といった社会資本からのサービス、その他、健康で文化的な生活から享受される効用や満足度等を将来のベネフィット（benefit）あるいは幸福度（happiness）として評価する。

$$PV = \sum_{t=1}^{n} \frac{CF_t}{(1+k)^t}$$

　ここでkは現在価値を算出する割引率（利子率）であり、資本コストと呼ばれる。それは消費を諦めることに対する機会費用であり、投資をする際に要求する必要最低収益率になる。幸福度などの議論に際しては、将来の幸福を得るために犠牲にすべき現在の生活時間ということになる。時間の経過に伴うリスクを考慮すると、kは無リスク利子率（risk free rate）にリスクの報酬（risk premium）を加算することになる。

　期待されるCFの金額は、リスクと受け取る時間が異なる。kで

割り引くことで，他の資産との比較が可能になる。資本コストが高くなれば，投資家は他に魅力的投資機会があることになり，評価対象の資産価格は低下する。投資家と統治者が同一である社会では，投資は，統治の目的を遂行する手段である。

隔離された世界では，消費を控え貯蓄する個人と，道具を生産し，投資する個人が同一の人格である。消費者と生産者が同一である以上，貯蓄と投資の人格も一致している。準備する資産とは，1日の労働時間の中で，今日の消費のための生産活動を控え，明日の生産活動に時間を割くことである。

労働者と資本家と地主の人格が一致しているときには，将来の生産物は賃金，地代，利子に区別する必要がない。土地の所有権が無視できる社会では，期待される*CF*の金額はすべて労働の結果である。現在のための労働と将来のための労働が土地と結合して，将来の*CF*を期待させる。その現在価値が，隔離された個人の財産である。

分業と協業が発達した貨幣経済社会では，労働力と土地，そして資本の機能が分離する。この機能の分離は，労働者，資本家，地主として人格的な分離と結びつき，現在および将来の所得分配の問題となる。労働者は奴隷制社会ではないため，売却可能な財産ではない。取引対象は，フローとしての労働サービスである。しかし，ある種の能力に基づく将来の期待収入に関する権利は，財産概念として取引対象となる。スポーツ選手の高額報酬は，現在価値概念で説明される。土地も，将来の地代収入の現在価値として財産評価される[9]。

資本は現在の消費目的以外に既存の労働力と土地を使用することを意味し，その価値は将来利子の現在価値となる。貨幣経済では，

貯蓄する主体と投資する主体の人格的分離が可能となる。労働者を雇用して，生産活動による一定期間後の成果を享受する資本家は，現在の消費と将来の消費を交換する経済主体である。資本家の所得は利子であるが，期待値と実現値の差である利潤・損失も資本家に帰属する。貯蓄主体と投資主体の分離は，金融資本市場の発達により広範囲に実現することになる。現在と将来の私有財産が市場取引の対象となり，みずからの消費とは関係のない生産活動にみずからの貯蓄を投資できるようにした。

　労働者と地主，そして資本家の人格的な分離は，各主体の選択機会を広げ，統治者の利害調整が必要となる。自己統治の世界から分業と協業を統治する世界となる。

　再び完全競争市場の世界観と対比してみよう。分業と協業の体系が原子論的なレベルまで細分化されると，各生産者の生産時間は限りなくゼロに近づくことになる。過去の仕事の積み重ねによる私有財産の概念はなくなり，細分化した機能の結合になる。仕事量の細分化は，人間の動作も細分化させる。動作がミクロの共通因子に分解されるため，仕事の質による差は無視される。意思決定プロセスやこれに伴う活動さえ存在しないため，計画と結果，事前と事後という概念も存在しない世界である。仕事の単位は組織でもなければ，個人でもなく，個人の細分化した機能になる[10]。

　このような世界に利子や利潤・損失を受け取る資本家は存在しない。しかし，現実の生産活動は一定期間の時間を要し，われわれが消費するまでの間，人やモノを準備しなければならない。この準備は資本家の役割である。

　株式会社という企業形態は，資本家の役割を最大限発揮させる仕組みである。しかし，貯蓄と投資の人格的分離を推し進めることに

より，ここに新たなガバナンス問題を発生させた。それは，貯蓄主体と投資主体の利害対立であり，株主ないし債権者と企業経営者の利害対立である。これらは依頼人（principal）と代理人（agent）とのエージェンシー問題（agency problem）として議論される。社会は，基本的にプリンシパルとエージェントの関係である。選挙で選ばれた政治家は，プリンシパルである国民のエージェントである。株主が専門経営者に委託すれば，プリンシパルとエージェントの関係になる。分業経済における生産活動も同様である。

4　社会の富と財産

　合理的個人のモデルは，実験室のモデルである。与件の変更がなければ計画通りに生産と消費，貯蓄と投資が行われ，ガバナンス問題を取り上げる余地はない。静学的な世界には時間が存在しないため，事前と事後の区別がなく，意思決定と結果の差は等閑視される。しかしながら，動学的な考察では，意思決定段階の条件が変化し，事前の期待値と事後の実現値に乖離がもたらされる。

　目的の達成が価値を有するのは，その生産物の消費が当初の期待した効用を満たす時である。期待と乖離し，期待を下回る効用しか実現しなければ，目的自体の変更が必要になる。PDCAサイクルを回すことで，個人のガバナンス・コストが相対的に上昇すれば，生産物の変更を要請することになる。目的の達成が効率的でなければ，努力に対する効用は相対的に低下する。成果が努力に見合わなければ，効率的な生産方法を工夫することになる。

　計画と実際の乖離は，成果物の期待と生産活動の効率性の比較であり，収入と費用の比較考量問題となる。計画通りに事態が進行す

るのであれば，投入される資源は期待通りの報酬を受け取ることになる。期待された収入は，実際の賃金と地代と利子（資本コスト）として分配される。

　計画を実施するために準備する資産の価値PVは，その資産を調達するために蓄積した価値，すなわち投資額Iと一致する。投資額とは現時点の賃金と地代と利子の合計であり，新たな財産を所有するために交換される既存財産である。準備した資産が生み出す所得は，将来の賃金と地代，そして利子となるが，資産の所有者に帰属するのは利子としてのCFである。

　しかし，計画と実際に乖離が生じれば，収入と費用に乖離が生じ，利潤・損失の概念が必要になる。市場が期待する以上の期待CFが見込まれるとすれば，準備する資産の現在価値PVは投資額Iを上回る。この差額は将来の利潤を現在価値にしたものであり，正味現在価値NPV（net present value）と呼ばれる。NPVがゼロ以上の投資計画は，コスト以上の財産価値を持つことになる。

　NPVは，投資計画の実施を判断する評価計算である。実施段階で財産を毀損するような計画を実施することはない。しかし，計画が実施され，生産活動が継続している場合には，そのプロセスにおける利潤・損失の評価を継続しなければならない。個人の目的やその遂行方法は，目的と手段の連鎖の中で，みずからの評価基準でチェックし，その結果を次の意思決定と行動に活かさねばならない。こうしたPDCAのすべては，隔離された個人のガバナンス問題である。

　生産活動を担うとき，個人は企業という経済主体になる。生産した財・サービスを消費するときは，家計という経済主体になる。家計は財・サービスの消費を決めるが，消費を延期するのも家計の意

思決定である。消費を控えれば貯蓄者になり，企業の投資家になる。個人が生産活動に従事する時には企業の労働者として位置づけられ，経営的な意思決定をすれば経営者になり，経営計画にしたがって労働力を提供する。企業は家計の貯蓄を調達して投資主体となる。

自分以外の他人の利益になるような活動は，政府の活動と類似する。他人の利益のために自分の所得の一部が犠牲になるのであれば，それは税金と同じ意味を持つ。隔離した世界とは別の第三者との取引が発生すれば，それは外国との輸出入と位置づけてもよい。各個人は，その活動の側面でさまざまな意思決定を迫られる。しかし，隔離された個人のモデルでは，すべてが同一の意思決定主体である。

個人を経済単位としたモデルは，個々人を集計した国家単位のモデルにするとマクロ経済となる。マクロ経済では，個人の生産活動を「企業」，消費活動を「家計」，個人の財産に帰属しない活動を「政府」，そして他人との取引活動を「海外」と定義する。マクロ経済は，個人のモデルを一国の所得水準や失業，財政政策や金融政策などにその認識対象を拡張しているのである。ここでは国家を永続的な組織とみなし，その「豊かさ」を測定する手段について，マクロ経済学的な視点で考察する。

国家のビジョン追求は，未来永劫にわたり，子孫のための活動を蓄積しなければならない。継続的な評価が必要なため，一定期間の成果と一定時点の準備状態が評価される。国家は1年ごとに予算と実績が問われるが，10年や20年という時間軸のみならず，100年先の未来を視野に入れて国づくりをしなければならない。現在という時点は，将来の国づくりの通過点であり，準備段階にある。準備さ

れたものは，将来に消費される資本である。つまり，国づくりも，資本蓄積とこれを費消するフローとしてとらえることができる。国家を1人の経済主体（統治者）としてとらえ，時間軸を導入することでストックとフローによる分析が可能になる。

　豊かな国家は，今日の消費が豊かなだけでなく，将来の備えも十分にできている。衣食住を生産する工場や設備，輸送手段，店舗などの資産を整えたことで，現在の豊かな生活がある。家計が現在の消費を控えることができれば，生産要素は将来の消費のために利用できる。貯蓄が投資され，新たな資産が形成される。今期の投資源泉は今期の家計貯蓄であるから，工場や店舗などの所有権は家計にある。このような生産手段は私有財産であり，株式会社における株式，社債，預金などの形態をとる。これらの財産が大きければ大きいほど，将来の消費生活の準備が整っていることを意味する。

　道路，港，空港，上下水道などの社会資本は時間をかけて整備される。教育や研究活動も，将来のための準備である。教師の人数を増やし，学校を建築しても，今年の生産物は増加せず，消費生活は豊かにならない。しかし，労働の質が高まり，将来の消費生活は豊かになる。文化や芸術などの教養を身に付けることも，人々が暮らす上での「豊かさ」の基礎となり，無形資産の蓄積に関わることになる。

　今日の「豊かさ」と将来の「豊かさ」の現在価値を足したものが国民の富になる。「豊かさ」の現在価値が高い国家は，国民を惹きつける。国民は豊かな国家に帰属することを望む。統治者は，有形・無形の資産を形成し，これを国家の所有する財産として蓄え，富の流出がないように統治しなければならない。有形・無形資産の多寡が国民の「豊かさ」を左右するとなれば，統治者は資産を守る

必要がある。

　合理的個人が，みずからの効用に基づき将来設計を行うように，国家もまた国民の幸福な社会を築くために現在と将来の生産活動を設計しなければならない。企業の統治に関しても，基本的には同じ考え方が必要になる。

5　富と財産の評価

　国家の「豊かさ」を追求するのは統治者の仕事である。しかしながら，個々人の効用と異なり，国家の「豊かさ」の測定は難しい[11]。貨幣尺度によるフローの「豊かさ」の測定は，GDPやGNIといった所得の概念を代理変数とする。

　しかし，健康でなければ，金銭的に裕福でも幸福ではない。貧富の差が社会的な不安をもたらし，犯罪を多発するようでは安心して暮らすことができない。物的な生活が満たされていても，将来に対する不安があれば幸福を実感できない。したがって，本来の「豊かさ」は貨幣尺度では測定できない。代理変数でしかないのである。企業の富の尺度に関しても，同様の議論が必要になる。会計上の利益が計上されても，株主や従業員，その他の利害関係者の富が増加するとは限らない。

　GDPの成長に資する準備が十分であれば，GDPは大きくなる。金融資産の価値合計は，このストックの価値を測定する。それは有形・無形の資産が将来稼ぐキャッシュフローの現在価値である。共通尺度は各国の通貨であり，円やドルにより測定される。

　今年度のGDPは，1年間に国内で生産された財・サービスの価値合計（付加価値総額）である。輸出入を相殺した正味の輸出額，

民間の消費財と投資財の価値合計，そして政府サービスの価値合計がGDPを構成し，賃金と地代と利子・利潤となり労働者，地主，資本家に分配される。それは1株1票の私企業による統治機構と1人1票の政府企業の生産物合計である[12]。

　統治者は，現在および将来の所得を増加させることに腐心する。現在の消費の種類やその質と量の決定と同時に，将来の消費のための準備をしなければならない。GDPは，今年度に消費された財・サービスと将来に消費される財・サービスに分けられる。将来消費は貯蓄であると同時に，投資である。民間企業のみならず，政府企業のサービスも，現在のサービスと将来のサービスに分類できる。

　分業経済では，投資主体と貯蓄主体は人格的に分離する。貯蓄は消費の結果であるから，生産者が期待する売上と実際の売上に乖離が生じ，事前に「意図した投資」と事後の「意図せざる投資」という概念が生まれる[13]。売上増加を期待した在庫と売れ残りの在庫は，いずれも投資と定義されるが，その価値は異なる。企業の事前期待が過大であると，事後の実現値との乖離が大きくなり，深刻な景気後退となる。政府企業の投資活動も，将来の政府サービスの向上に役立つ限りにおいて価値を持つ。

　景気循環は，期待値と実現値の乖離を原因とするが，この差を助長しているのが分業による人格の分離である。政府企業も民間企業も，時間の経過とともに，PDCAサイクルを回し，事前の計画と実際の成果を検証しなければならない。過去に準備した資産の価値を清算し，新たな価値に評価し直すことになる。これは政府と民間企業のガバナンス問題である。

　資産評価を困難にする要因は，時間の経過や経済主体の分離だけではない。準備段階の活動とその蓄積の状態は，ほとんど可視化で

きない。有形資産のすべては，人間の労働力との結合によって評価される。労働者に機械を操作する能力がなければ，機械の能力も発揮されない。コンピュータはプログラマーやシステムエンジニアの能力によって生かされる。工場の価値は，労働力の管理手法で変化する。店舗の価値は，商品の陳列方法や営業手法，広告の仕方などによって左右される。

　製造過程で使われる燃料の価値は，仕掛品や半製品，完成品の価値に含まれるが，製品の販売によって費用として認識される。すなわち，製品の販売という成果と費用が結びついている。しかし，人間の諸活動は，そのすべてが特定の成果や一定期間の成果によって費用化されるわけではない。今日の活動が明日以降の成果に結びつく場合には，目に見えない準備資産として評価されなければならない。有形資産の取得は重要であるが，人材育成は有形資産を生かすという意味で重要な投資になる。それは無形資産の形成である。

　しかし，ここでも時間が問題を複雑にする。時が経つと，当初の環境は変化する。過去の計画は予定通りに進行せず，準備した資産の価値を増減させる。有形資産の価値が人間の労働力によって左右されるのであれば，人的資源として蓄えられた無形資産の価値も変化する。計画以上に需要があれば準備された資産価値は上昇する。有形資産の投資が活発になり，これと結びつく労働者が雇用される。不熟練労働の結合により価値を実現する有形資産もあるが，特殊な技能が求められる場合には，習熟や人材育成の期間が必要になる。

　情報化時代には，情報教育が必要になり，高齢化社会では介護人材の育成が求められる。新たな専門学校や大学の設置が必要になれば，人材育成の投資活動が活発になる。逆に，予定を下回る需要であれば，有形・無形の資産価値は減耗する。高度な専門技術を有す

る人材も,その資産価値は減価し,過去の教育投資が無駄になる。

　同一の経営資源を用いても,組織内ルールの見直し,調達方法や情報伝達方法の改善・改良,新たな組織設計や生産・販売方法の導入,報酬体系の工夫など,さまざまな経営管理技術が無形資産を形成する。自社がもたらすイノベーションも,他社によるイノベーションも,その波は準備資産の価値に見直しを迫る。統治者にとって困難な作業は,計画の遂行に照らした無形資産の評価である。

　PDCAサイクルを回すことで,過去の計画を検証し,将来の方向性を改めて検討し,準備すべき資産を見直さねばならない。言い換えれば,PDCAは5W2Hの再検証である。不必要な資産を積み増しても,将来の成果につながらない。人間の諸活動を含む希少資源は,無駄に費消されることになる。準備資産の価値は,上場企業であれば株式時価総額のような金融資産の変動によって表わされる。準備資産の評価に過誤が生じると,バブルの形成や崩壊というような事態を招くことがある。それは統治の失敗でもある。

6　統治者の主観的尺度

　各国通貨による富の測定は客観的に見える。しかし,「豊かさ」が国民の精神的な幸福度であるとすれば,これを測定することは難しい。例えば,生産された財・サービスの分配方法を検討してみよう。生産物が平等に分配される国と偏って分配する国の比較である。生産物の価値合計が同じでも,幸福度が同一とは限らない。すでに十分な「豊かさ」を享受している人々にとって,財やサービスの増加は満足度に大きく貢献しない。他方,財・サービスが不足している人々には,その増加は満足度を大いに高めることになる。それゆ

え，富める者から貧しい者に生産物の分配を変更することで，国家全体の幸福度を大きくすることができる。

軍需に生産要素を投入する国と民需に資源を投入する国，医療や介護に力を入れる国と娯楽やレジャーを重視する国，いずれも程度問題であるが，これらは国家の予算会議で決定する。庭や公園は生活に安らぎを与え，「豊かさ」を増加させるであろう。業者に頼んだ庭は市場取引であるが，手作りの庭は評価されない。国や地方が作る公園も「豊かさ」に貢献するが市場外の取引である。

工場の排煙や自動車の排気ガスなどは，クリーニング屋の所得を高めるが，肺やその他の疾病の原因となり，医療費の高騰につながる。環境対策を怠り，現在のコスト低減を優先すれば，将来のコスト増になる。自動車事故が多い国は，治療代や自動車の修理代を増やし，買い替え需要を生む。いずれの所得増加も，負の効用を与える。私的所有権が明確でない財やサービスは，売買取引ができないため，市場の価格機構による資源配分が機能しない。これは市場の失敗（market failure）と呼ばれる。

満足な教育が受けられない人々にとって，学校に通えることは幸福度を高めるかもしれない。他方，苛烈な受験戦争は勉学意欲を失わせ，幸福度に負の影響を与えることもある。将来のコスト増加を認識しない短期志向の意思決定は国家の富を毀損することになる。

人間の幸福度は，消費する財・サービスのみならず，生活環境に影響される。地価の高い都市に公園を作る理由は，物的な消費生活のみからは導かれない。汚染された空気や水質汚濁，騒音や悪臭など，生活環境の悪化と経済発展を秤にかけねばならない。家族や学校生活，会社における人間関係，地域の絆など，人間の幸福感は人間同士の相互交流の中でもたらされる。

「豊かさ」の尺度には，離婚やいじめ問題，疎外感などのマイナスの影響も測定しなければならないが，いずれも市場価格の存在しない主観的な効用である。しかし，社会の「豊かさ」を追求するには，個々人の幸福感に与える要因を見出し，「豊かさ」を最大化する仕組みを模索しなければならない。統治者は，幸福とは何かという共通の価値観を形成し，ガバナンス・コストの最小化を試みなければならない。

　将来にわたり期待される幸福は，現在の国民の富を形成する。幸福は営利企業が生産・販売する財・サービスのみならず，行政機関のサービスや非営利法人のサービスなど，われわれの日々の生活を支える諸活動や自然の恩恵，精神の安寧などで感じる効用である。こうした将来の効用を現在の価値に還元したものが，国民の富となる。それは，単にキャッシュフローとしてとらえられる金融資産の価値ではない。排ガス規制や水質汚染を防止するような規制が，将来の大気や水質といった自然環境を守ることになる。したがって，日々の環境対策の活動は，将来の幸福のために蓄積することになる。

　この富は貨幣による評価が難しい。しかも，人々の幸福度は，内外環境で変化する。身分制度のある江戸時代の幸福は，明治維新後の幸福とは異なる。10年前に描いた幸福な生活は，現在描く幸福な生活とは異なるであろう。富はPDCAサイクルの中で増減する。統治者は，国民の活動を新たな富の構築に向けねばならない。

【注】
（1）　資本概念については，Hicks, J. (1939), (1965), (1973) を参照せよ。
　　　また，近年では人的資本や知的資本の重要性が高い。人的資本と物的資

本は，その結合関係を評価しなければならない。例えば，新規の航空機を購入する航空会社は，乗務員の操縦などの訓練を必要とするであろう。この社内研修期間の成果は，物的資本である航空機に搭乗する旅客収入により実現する。キャッシュフローは，航空機の購入代金と研修期間中の給与，そして耐用年数にわたる旅客収入と運行期間中の給与や燃料費などを見積もることになる。研修期間中の乗務員への投資活動が収入にどの程度の貢献をしているかを評価することは困難である。経験曲線で証明されているように，人的資本は収入を得る活動中でさえ形成されている。先行投資することで生産の効率性が高まり，コスト優位を確立できるのは，人的資本が蓄積されるためである。亀川（1993），（2006），（2008）を参照せよ。
（2） ここでの議論は，近代組織論に登場するバーナード（C.I. Barnard）の有効性と能率は想定していない。
（3） 特に，期待からの乖離を強調する場合には超過利潤という言葉が使われる。
（4） レントは地代である。地代は供給が固定されているために，その価格は需要によって決められる。土地を購入すると将来にわたり収益が期待されるが，購入費用は埋没費用となり，生産数量に応じた選択機会がないため，機会費用はゼロとなる。準レントは，企業の固定設備のように，一定期間にわたり供給が固定されていることにより，需要によって収入が決定する報酬を意味する。時間が経過すれば，平均費用を上回る収入を得る企業への参入（設備投資）が行われることで，需要と供給により価格が決定することになる。マーシャルは企業家能力以外のすべての生産要素が弾力的になる期間を長期と定義し，短期の非弾力的期間中の資産がもたらす準レントを利潤概念に関わらしめた。企業家能力が弾力的な要素でない場合には，資本概念とみなされることになる。馬場訳（1980）p.118参照。亀川（1993）は，この問題を企業家利潤として整理している。pp.88-91参照。
（5） 会計上の財務諸表に基づく評価とファイナンスの市場価値による評価は，フローもストックも異なる概念である。
（6） 現在の消費を諦めても，生産物を貯蓄できなければ投資にはならない。

余暇の選択は，生産活動を制限することで，消費可能な所得を減らし，貯蓄と投資を控えさせる。
（7）　現金回収は減価償却費が加わる。1年間使用した設備の残存価値が80万円であれば，減価償却費20万円と利子10万円の30万円が加算される現金収入である。減価償却費は100万円の元本回収部分である。現金回収30万円と設備の残存価値80万円が資産として計上される。
（8）　財産の価値は，Lutzs, F. & V.（1951）の資本モデルである。
（9）　企業が土地を所有している場合には，企業価値に地代収入の現在価値が含まれ，地代収入と利子を含む金額になる。
（10）　後述する組織と市場の境界は，組織の機能と個人の機能の比較でもある。それは，なぜ1人の労働者が一定の生産活動を担うかという問題である。
（11）　幸福度（happiness）を科学的に考察しようとする試みはある。イギリスの環境保護団体が2006年に報告した地球幸福度指数（The Happy Planet Index）がある。

　　　また2009年に24人の専門チームで作成したスティグリッツ（Joseph E. Stiglitz）報告は"Mismeasuring Our Lives: Why GDP Does't Add Up"（福島清彦訳『暮らしの質を測る―経済成長率を超える幸福度指標の提案』金融財政事情研究会，2012年）と題するリポートを発表している。2008年の1人当たり総合的「豊かさ」は，日本が1位である。これは主観的な幸福度を調査するブータンの幸福度とは無関係である。福島清彦（2013）参照。
（12）　近年は国境を越えた活動が増えている。国内の景況感を示すには適した指標であるが，国民の「豊かさ」を適切に表すものではない。GDPに海外からの所得の純受取を加えたGNIは，時代が新たな「豊かさ」の指標を必要としたためである。
（13）　ケインズ経済学は，時間軸を導入することで，在庫投資に関するPDCAの適応を行ったと考えられる。

第 4 章
境界の経済学

1 国境の意味

　われわれは，動物と同じようにテリトリー（territory）を作る。国家は代表的なテリトリーの例である。国家が国家として認められるのは，国境線で囲まれた地域に居住する人々を統治する政治的機構の成立である。しかし，国境線をまたいでも，そこで暮らす人々に相違が見いだせないのであれば，国境線の意味は限定的になる。国境についての議論は，国の主権やその範囲などに関するテーマとなるが，本書の基本的な関心事は，企業の境界にある。国境の議論は，企業の主権の及ぶ範囲，すなわち，コーポレート・ガバナンスを考察するための足がかりにすぎない。

　われわれが他人との差を認識するように，国家にも内外観に相違が見いだせる。江戸幕府が鎖国政策をとるのは，キリシタン禁止と貿易統制により宗教や価値観を統治するためである。反対に，植民地化された国は，統治国により街並みを変えられ，統治国の言語により布教や教育が行われる。

　価値観や生産される財・サービス，生産の仕方，そして生産された結果の分配方法などに相違がなければ，国境は自然資源の独占で

しかない。自然資源が重要な富の源泉であることに異論はない。人間のみならず，すべての生物は自然資源なしに生命を維持できない。人々は，豊かな自然に集い，生活を営んできた。自然資源に制約があれば，「豊かさ」を享受できる人口も限られる。それゆえ，国境は，その国で暮らす人々の富を守るために必要である。

しかしながら，自然資源に乏しくとも建国する。交通の要所には商業都市や工業都市ができる。そもそも自然資源は加工しなければ消費できない。自然資源の加工とは，生産活動を指す。生産活動が分業と協業の体系によって成立するのであれば，自然資源は「豊かさ」の一変数に過ぎない。自然資源と労働力や資本，生産技術の組み合わせによって，「豊かさ」は異なる様相になる。

生産要素の結合は，財やサービスの多寡に影響を与え，所得概念でとらえられる。しかし，所得概念も「豊かさ」の1つの指標に過ぎない。物的な所得水準が低くとも，幸福度の高い国がある。会計上の利益が見込まれなくとも，社会貢献に「豊かさ」を見出す起業家がいる。みずからの趣味で経営する採算を度外視した企業も存在する。

他方，所得水準の高い国でも，精神的な「豊かさ」を享受できない人々がいる。物的な「豊かさ」と精神的な幸福度は，二律背反するものではないが，正の相関を持つものでもない。統治者による「豊かさ」の設計や提案が，人々を惹きつける魅力的なものであれば，その生活圏を維持する国境は意味を持つ。それゆえ，自然資源も物的な資源も，国境の十分な条件にはならない。もちろん，企業という組織の境界に関しても同じである。

国境は，あるべき社会を共有する仲間が集う場である。あるべき社会の形は，科学的な判断ではなく，物的な条件や宗教やその他の

価値観，人々の信条などによって決まる。山や川，海などの自然条件，人工物である鉄条網や高い塀，防衛諸施設，道路網や鉄道，上下水道などの公共諸施設や営利事業の諸施設，民間の住宅，その他諸種の物的条件はテリトリーを作る上で重要である。教育や技術，歴史や文化などは，テリトリー内のコミュニケーションや生産方法，価値観の形成に影響を与える。家族や友人などの狭い範囲から地域や州，国家という広い範囲まで，さまざまなレベルでテリトリーが成立する。

中でも価値観の相違は，貨幣尺度では測定できない幸福度などの評価基準となり，国家を特徴づけるものとなる。価値観は，取捨選択する情報から形成され，あるべき社会を反映する。社会の設計が異なれば，収集する情報や利用する情報が異なるのは当然である。テリトリー内では，情報を管理し，異なる意見や考え方を排除することで，共通の価値観やビジョンの形成が行われる。政治体制の相違があろうと，統治には大なり小なり情報の管理が必要となる。

テリトリーの形成に有用な情報とは，考え方や方針，意見表明に結びつく情報である。統治に有用な情報は，統治者により加工され，被治者に伝達される。テリトリー内部の価値観が統治機構に沿う形で醸成されると，権力を維持する源泉となる。

権力の及ぶ範囲は，情報を管理するテリトリーである。テリトリーの内部と外部で情報の非対称性を生み，利害対立に発展することがある。格差社会における富の再分配や医療・介護，その他の弱者に対する社会保障は，価値観を根底とするルール作りであり，テリトリー内部の利害関係を調整する。

歴史を振り返れば，人々の価値観の対立が戦争や内乱，革命，テロなどを起こしている[1]。過去の歴史が引き継がれ，民族意識を

高めることで，対立の溝が深まることもある。溝が深まれば，権力者のガバナンス・コストは引き下げられる。統治者に都合の良い歴史解釈は新たな溝をもたらし，被治者は無意識的に統治者の誘導する情報を選択し，外部との関係悪化を招くことがある。企業内外の利害関係者間の対立も同様の争いである。

　長く海外生活をしても国籍を変えない人がいる。一方，海外経験がなくとも，当該国民の権利や義務を果たさない人，そして国家から疎外された人がいる。国民が自国に魅力を感じなくなれば，地理上の国境線は意味を持たない。その国の国民であることに誇りや愛国心を持ち，豊かな暮らしが保障されれば，国を捨てることはない。国家という組織に所属することの価値を認識できない場合，国籍の実質的な価値はない。企業組織から疎外された従業員が，当該企業への所属意識を持たないのと同じである。

　われわれはどこから来てどこに向かうのか。この問に答えるには，特定の歴史を持つ国家に生まれたことに関係する。自我は，他者や外界との区別の認識である。他の国民との相対的な関係が自我に必要な要素であれば，国境は人間を知る上でも重要な役割を担っている。

　個々人の自立は，国家という枠組みの中で意思決定の主体となることを意味する。国境のない多国籍企業も，意思決定する経営者の国籍は等閑視できない。企業組織の経営理念やビジョンは，そこで働く経営者や従業員に影響を及ぼす。国家における自立と同じく，企業組織における自立とは何か。投資家や取引先企業との関係も中立ではない。

2 境界と財産

　国家は地理上の物理的国境により他国と区別され，そこに居住する人を統治する。国家は，統治者（主権在民の場合は国民）の価値観に基づき，その効用や利益を最大化する機会を選択する。国家は貨幣を発行し，国境に囲まれた特定地域内の価値尺度を決め，地域内の分業と協業の体系を構築する。しかし，国家が承認されるのは，それらが国内外に受容され[2]，統治者が他国からも統治者として認知されるときである。

　統治者の目的によって，財産の中身は異なる。国の財産は，国の「あるべき姿」を実現するための準備資産である。したがって，各国の目的が異なれば，財産の種類や質と量に差異が生じる。牛を神聖な動物とする国家では，牛は畜産の対象ではない。牛肉は豊かな食生活とは無縁である。神社や寺が生活の中心であるとみなされば，その財産価値は高くなる。教育を重視する国や高齢者の福祉事業を整備する国がある。物質文明では，道路や鉄道，その他の有形資産の建設を重視する傾向がある。それぞれは，国家のビジョンに対応した準備資産として，各国独自の資本を形成している。企業の準備資産も同様である。5W2Hに応じた準備資産は企業に固有のものである。

　しかし，1つの国は，完全に隔離された独立国家ではない。企業が他の企業との関係の中で存立しているように，国家も分業と協業の国際社会の体系の中に組み込まれている。貨幣を発行する国家の権力は，その力を国家間で評価される。貿易収支が赤字（黒字）になる国家は，他国の提供する財・サービスに対して，自国の財・サ

ービスの魅力が相対的に低い（高い）ことになる。

　したがって，自国の価値観は，国境を越えた資源の交換ルールに従うことになる。国家間の取引は，人格の異なる他者との交換であり，交換する財産の共通尺度とルールを必要とする。国際社会における交換ルールを遵守し，共通尺度で評価可能な財産を保有し，財政的に自立した国家として認知されたときに独立した国家となる。企業や個人が独立した存在として認識されるのと同じである。

　しかし，各国には交換できない財・サービスに関する独自の価値基準がある。建物の価値は，建築基準などによって異なる評価を受ける。地震やその他の自然災害に見舞われる国では，その対策のための土木工事が必要になる。道路や鉄道の投資も，将来にわたる利用状況に違いがあれば，同一の基準で評価することはできない。教育投資や独自の制度を構築する準備については評価が難しい。自然科学のような共通の認識目標や研究方法が存在する分野と歴史や哲学，文学などの分野では，教育投資の価値評価に差が生じる。法律の整備が市場取引を活発にするとしても，取引慣行の違いによって，その整備状況を単純に比較することはできない。

　各国の準備する有形・無形の資産に差があるとしても，これを国際的な尺度で評価しなければならない。それは，他国にとっても財産と認められる共通の価値尺度により測定される。将来の国際社会にとって，その準備資産が役立つと評価される限り，その国の財産は評価される。ある集団が国家樹立を宣言しても，国際社会にとって有用な財産を所有していなければ承認されない。国境が実質的に意味を持つためには，その国のみならず，国際社会にとっても価値のある財産を形成し，これを管理・運営し，処分する権利を有する統治者が存在しなければならない。国家と同じく各企業の準備資産

は，これを統治する経営者の能力とともに，共通の貨幣尺度で評価される。評価する市場は，各国の金融資本市場である。

　すべてが国有財産であれば，衣食住の消費生活は国家による生産活動となる。すべての国民は公務員である。国家は現在消費のための生産要素と将来消費のための生産要素を峻別する。過去から現在に至るまでの国民の貯蓄が，現在の国家資産として蓄積されている。国家資産の所有権者に関わらず，その価値は国が提供する将来の「豊かさ」によって評価される。国家による資産形成を国債により調達する場合，将来の「豊かさ」は国債の価値総額に反映される。他国からの債権・債務がなければ，国家の債務は，国民の債権である[3]。

　われわれの社会では，1年間の活動が民間と政府の両方の事業から構成されている。GDPは，今年度の民間消費財と政府サービス，将来消費として民間企業の投資と政府による公共投資などに分けられる。税金は政府の現在および将来のサービスを受けるための支出であり，国債などの政府債は将来サービスを得るための投資に充当される。

　国境を越えた外国の企業や家計，外国政府が加わっても，基本的には同じである。売手や買手，債権者や債務者の国籍が変化するだけである。外国の財・サービスの輸入は，国内の家計や企業，そして政府により購入される。輸出は，国内で生産された財・サービスを他国の家計と企業，政府に販売することである。

　1年間に生産される財・サービスが当該国家の家計と企業，政府の購入分を上回れば輸出超過，下回ると輸入超過となる。輸出超過は他国に対する債権を増やし，輸入超過は自国の債務を増加させる。輸出の増加は他国の資産に対する所有権が増加し，自国の富を増加

させる。他国に対する債務の増加は，自国の正味財産の割合を低下させる。自国の生産能力が低下し，輸入に頼らざるを得なくなると，生産活動のガバナンスを他国に依存することになる。国民の生活が他国の生産活動に依存することになり，債務超過の状態に陥れば国家は自立した統治を放棄せざるを得なくなる。

　国家樹立の必要条件は，財産を保持し，取引を行う責任ある統治機構を備え，これを他国が認知していることである。財産が価値を持つのは，自国民の将来財の準備のみならず，他国が欲する将来財を準備しているときである。企業が独立した意思決定権を有するのは，他の組織に認知された財産を保有しているときであり，正味財産がゼロもしくはマイナスになれば自立した契約主体とはなれない。国家や企業という組織が独立した契約主体として認められるには，財産の統治者が必要になる。

　統治者は，国家の財産を守るために，国外からの侵略的行為に備えねばならない。侵略者は，自然資源を含む財産の収奪を目的に侵略しようとする。したがって，財産が乏しい国家は，侵略される可能性が低い。統治者は，現在の財産を守るか否かの機会選択を行う。それは，国防にかかるコストとリターンを秤にかけることになる。侵略の脅威が高まれば，国防費を増加させねばならない。国防費は，ガバナンス・コストを構成する勘定科目である。買収対象になる企業は，魅力的な財産を所有しているのである。統治者が，それに気づかなければ敵対的買収の脅威が増大する。

3　境界を越えるコスト

　個々人の行動は，さまざまな機会から選択される。豊かな生活を

実現するため，各自は効用を最大化する財・サービスの購入を選択する。個人は消費者である。消費者としては，消費財の購入に適切な場所や空間，そして現在の消費と将来の消費という時間を選択したい。他方，生産者としても，所得を獲得する手段や場所，時間が重視される。自分の能力や志向に適う職場を選択し，所得を最大化することが望ましい。

確実な世界が想定でき，人々の移動コストがゼロであれば，地理的な隔たりのある職場と家庭の最適な組み合わせを選択できる。日常的な消費財やサービスのみならず，信仰や価値観，気候を含めた住環境，それに教育環境や医療・介護などの最適選択が可能である。客観的な測定尺度がなくとも，個々人の合理的選択は可能である。

新古典派経済学における完全競争市場的なモデルは，生産要素や消費選択などさまざまな機能が瞬時に結合できる。国家や企業の境界がなく，広さや大きさが存在しない。広さや大きさの概念がなければ，取引コストや時間が存在せず，ストックとフローの区別も必要としない。しかし，現実の世界は，国家には国境があり，各企業は特徴を有し，組織としての広さや大きさを有する。一定の広がりの中で，人と自然資源と資本が存在し，時間をかけて生産と消費の活動を行う。

国家という組織には，企業という下位組織が存在する。個人はある特定の国家に属するのと同時に，特定の企業組織に所属する。国家の内部では自由に移動できても，国境を越える自由は制限される。江戸時代の鎖国政策では，海外渡航と在外日本人の帰国が禁止されていた。現在でも，旅券（パスポート）や査証（ビザ）が出入国に必要となる。企業組織内の異動は比較的容易に行われても，他企業への転職になるとハードルが高くなる。国境をまたがる企業間の移

動は，さらに高いハードルを持つ。

　広大な土地と多くの人口を抱える大国と小さな面積と少ない人口の小国がある。世界で一番小さな国と言われるバチカン市国は，およそ800人の人口であり，モナコも1万人ほどの人口である。日本の村や町の単位であり，1つの学校や中堅の企業規模である。トヨタ自動車や日立製作所は連結ベースで約33万人（2014年）の従業員を抱えているが，これはモルディブやアイスランドの人口と同じ程度である。伊藤忠商事やリコー，NECの連結ベースの従業員数は約10万人で，ミクロネシアやトンガの人口に等しい。16～17世紀のヨーロッパでは，帝国拡大を求めた君主たちが特許会社を設立した。そのうちの1つである東インド会社は，解散時に26万人の現地人兵を擁してインドを統治していた[4]。

　人々は，なぜ特定の国家や企業に留まるのか。権力の及ぶ範囲は，どのように決まるのか。さらには，国家と企業の選択問題は存在するのか。トヨタ自動車や日立製作所を1つの国家と仮定しよう。国民は，衣食住や教育，医療，介護などを他の国からの輸入に依存することになる。国家間の貿易であるが，自動車を生産する国家組織は，なぜ農業や漁業，その他の事業を他の国家に委ねるのか。国家組織を拡大させ，他の事業を下部組織に抱えない理由は何か。農業国家と工業国家が統一しない理由は何か。これらの問題は，1つの企業がすべての事業を手掛けない理由と共通する。それはD・リカードの比較優位ないし比較生産費説だけでは説明できない。

　新古典派的市場観に取引コストやガバナンス・コストの視点を導入することで，この問題への解が見えてくる。物理的には人々の移動にはコストが必要になるが，統治の仕組みも移動の障壁となっている。

言語[5]や価値観，法律やその他の諸制度は，人々の思考や行動を規定している。統治機構が異なれば常識も異なり，最適な行動を選択する探索コストや機会主義的な行動の不確実性は高くなる。取引慣行，契約の意味や交わし方の相違は，交渉に関する取引コストを高める。何気ない商品の売買も，企業の信用調査から始めねばならない。国境を越えた就職活動は，年金や保険，税制が異なり，給与交渉に際しては，学歴や職場経験を示すことも難しい。

　このように国籍を変更するにはコストがかかる。それは，一般的にスウィッチング・コスト（switching cost）と呼ばれるものである。有形・無形の国境の壁が高ければ，国境を変更するスウィッチング・コストが高くなる。隣国が魅力的であっても，国境の壁が高ければ国内に留まるしかない。高い山や海に囲まれていれば，地理的条件が国境の壁になる。鎖国政策のように法律で渡航や交易を禁止したり，国外からの情報を遮断できれば壁は高くなり，統治者が国を統治するガバナンス・コストを引き下げることができる。統治者の構築すべき5W2Hと被治者の活動機会が制限されるためである。

　反対に，言語や価値観，さまざまな法律や制度が統一されると，個々人の最適な国家選択は小さな犠牲で実現する。人々が特定の国家にこだわる機会費用は低下し，国家の存在価値も低下する。被治者にとって，国境の溝が浅くなることは，統治者の能力が問われることを意味する。統治者は，新たな塀や障壁を構築するためのガバナンス・コストの上昇を意識することになる。

　言語は重要な統治手段である。言葉が理解できねば国境を越えるインセンティブは低下する。コミュニケーションがとれないことで，異分子として扱われ，他国の分業と協業の体系から排除されること

になる。各国は，独自の言語に基づき，統治の仕組みを構築する。言語の質的表現は，コミュニケーションを曖昧にするため，取引の障害になる。これを補完し，比較可能な客観的指標にするために共通尺度が作られる。専門の国家資格を有する者は，共通の専門用語を持つ人材である。彼らは専門分野に関する共通の言語と価値観を有するため，企業組織の境界は低くなる。

　暦や時間，重さや距離，長さなどの尺度のみならず，通貨による価値尺度や富の尺度が作られる。会計制度などの計算方法に関しても，収益や費用，利益の概念を国内で共通化する。これらの共通尺度は，曖昧な質的情報に基づく取引を正確で客観性のある取引に変換し，交換活動を活発化する。国家が度量衡を定め，通貨の単位を決めるのは，国内における分業と協業の体系を円滑に機能させるためであり，ガバナンス・コストを低下させる意図がある。共通の価値観も言語と尺度によって形成される。

4　言語とガバナンス

　分業と協業は，地理的な特性を有する。ある特定の地域に特定の産業が集積するのは，当該産業の生産物を効率的に生産するためである。これは輸送費を含めた取引コストが関与する。特定の産業が1カ所に集積することで，原材料や部品などの関連企業が集まり，物流コストを引き下げる。さらに，当該産業に固有の知識やノウハウが蓄積され，特定の財・サービスに特化する無形の資産価値が創造できる。特化により実務上の専門用語が高度化し，産業内の取引は効率的になる。特化による特殊な言語は効率性の源泉である。

　しかし，特定地域の産業集積は，最終的な消費活動に生かされね

ばならない。特定地域の産業は，分業と協業の体系の中の部分体系を担うに過ぎない。部分体系は，全体系との有機的関連性を失っては意味がない。体の一部の疾患を治療する専門医は，患者の健康を考えて治療しなければならない。癌治療の目的は，癌細胞を殺すことではなく，患者の健康回復にある。特殊な専門用語は，共通の言語に置き代わることで本来の目的を達成する。

　専門の事業者には，業界に固有の知識や技術を表す専門用語がある。自動車の部品の数は多く，それぞれに部分体系を構築している。しかし，1台の自動車として完成するときには，すべての部品が完成車として組み立てられねばならない。特殊な言語は，自動車の販売時点では意味を失うが，完成車を説明する言語と尺度が重要になる。最高速やトルク，馬力や燃費，スタイルや室内装飾を表現する言葉が必要になる。部品会社で必要とされた専門用語から，最終的な組み立ての段階や販売の段階では，企業と購入者の共通言語になる。組織内に共通する言語は，市場の共通言語になることで価値を実現する。

　目的と手段の部分体系の連鎖は，縦横に張り巡らされて全体系となる。部分体系が全体の目的に適応しなくなれば必要なくなる。部分体系はそれだけで完結されるものではなく，部分体系の言語や尺度が常に全体との整合性を問わねばならない。そのため，分業と協業の基盤整備には，部分間をつなぐ共通の言語と尺度の整備が必要になる。

　この全体系を維持する仕組みが統治機構であり，統治の範囲も決めることになる。統治者がすべての言語と尺度を認識するのは不可能である。言語と尺度の共通部分を設計し，部分間の情報伝達手段を構築し，全体系を構築するのが統治者の役割となる。分権的な仕

組みと中央集権的な仕組みで統治機構が異なれば，言語や尺度の設計は異なる。

統治者の目的設定から達成度までのPDCAサイクルには，共通の言語と尺度が必要である。言語と尺度の共通化は，人々の思考方法や価値観の共通化に導く。言い換えると，言語や尺度の差異が，分業と協業の実質的な境界を形成する。境界の維持に必要のない言語や尺度は次第に失われ，境界をまたぐ言語や尺度に共通化されることになる。組織が固有の言語や尺度を必要としなければ，市場との境界は失われていく。

言語や尺度が共通化される範囲は，統治者の財産権に関係する。財産は，分業と協業の体系を準備する有形・無形の資産であり，その特徴は5W2Hによって決まる。それは固有の技術やノウハウを有する人材の特殊な言語と尺度によって構成された資産である。

特化による特殊な言語は，統治者の管理・運営する財産権によって，その範囲を決められる。各事業や産業に固有の言語がある。食品事業と医療事業では質の異なる内容を伝達しなければならない。財産が市場取引となる段階で，国や組織の言語や尺度は，市場化された標準の言語と尺度に変換される。貨幣経済であれば，利用される貨幣価値（価格）で評価される。統治者による統治の範囲が広がれば，言語や尺度の共通範囲も拡大することになる。

5　共通化と序列化

国家間の制度や仕組みの共通化は，標準化に導き，標準を中心にした階層化を生む。各国が所得（GDP）の測定方法を共通化すれば，所得に基づく国家ランキングが可能になり，経済力や「豊かさ」

の国際尺度として認識される。言語を共通化すれば，語彙数による階層化が生じる。語彙数は，科学的な知識や経験的な知識などの意味を持つ単語の総数である。部分集合が多くなれば，語彙数が増加する。豊富な語彙を駆使できる国家は語彙数の少ない国家に比較して認識可能な情報量が多く，その解釈や評価も多様性に富む。

　企業組織についても類似の考察が可能である。売上や利益，資産額や株式時価総額による共通尺度で企業間のランキングが可能になる。事業領域に応じた専門用語の多寡は，事業の内容や質の水準を左右することになる。

　新たな技術や製品・サービスが，国や組織の知識水準に依存すると仮定すれば，共通言語を超える語彙数を習得し，新たな語彙を生み出す教育が必要になる。言葉の輸出は，財やサービスの輸出を伴い，他国への文化的浸透につながる。特殊な企業の言語が共通化されるのは，当該企業の財・サービスが市場で取引された結果である。他企業による財・サービスの模倣は，特殊言語を標準化する。市場競争で淘汰される財・サービスの言語は失われ，その製造・販売のための技術や知識が忘れられていく。

　市場化は，特殊言語を貨幣価値（価格）に換算する。通貨が共通化すると，財・サービスのみならず，労働力や資本，土地も共通尺度により評価されることになる。魅力的な財・サービスを製造する企業は，売上を増やし，利益を増加させる。多くの経営資源を利用することが可能となり，組織とガバナンスの範囲を拡大する。他方，売上が減少し，損失を計上する企業は経営資源の利用に制約が課され，組織は小さくなり，統治する価値がなくなり消滅する。

　この問題は国家間でも同じである。魅力的な財・サービスを輸出する国は貿易収支が黒字になり，輸入する国は赤字になる。決済す

る通貨が同一であれば，経常収支の赤字国は他国からの借入に依存し続け，黒字国が債権を蓄積させる。両国が1つの国家であれば，都市の集中と地方の過疎化という構図であり，国家財政による地方財政への移転になる。

しかし，独立した国家同士であれば，累積債務国家の主権は，債権国によって脅かされることになる。輸入が制限され，消費生活が抑制される。債務国の裁量権は制約を受け，意思決定主体としての国境の意味が薄れることになる。通貨の共通化は，債権国のガバナンス・コストを低下させる一方，債務国のガバナンス・コストを上昇させることになる。欧州連合におけるユーロ通貨が，ギリシャの財政問題に端を発し，スペインやポルトガルなどに波及したのは，こうした問題である。

共通通貨による地域間取引の不均衡は，地域間の経済格差を生み，富の再分配問題が国民の不満を募らせることになる。東西ドイツが統一したとき，東ドイツ国民の生活水準を西ドイツの生活水準に引き上げるために，西ドイツ国民は多くの負担を強いられた。企業のM&Aも，買収企業の株主の富が被買収企業の株主に移転することが多い。法律で統治する秩序は，国民の思考や行動を型にはめるが，不満の増加はガバナンス・コストを上昇させることになる。

多くの国民が国籍の変更を望む国は，国家統治に失敗した国である。強制的に出国を制限するのは，国家としての価値が低いためである。国民を強制的に拘束するにはコストがかかる。同様に，退職希望者の多い企業は，企業統治に失敗した企業である。国家や企業は，ガバナンス・コストの上昇により，組織の内部から崩壊することになる。

民主主義国家は，国民主権である。国家の構成員となる個々人の

リターンがコストを上回らねば，国民は国家を捨てることになる。国家という組織のガバナンス・コストが高くなると，国家の組織は規模を成長させることが困難になり，他国の統治が相対的に魅力を高める。国籍を変えるスウィッチング・コストが高くとも，他国への移民希望者が多くなれば国家存亡の危機である。人間が多様性を有しているとすれば，各人に適う統治構造があり，国家を選択する機会を持つことが望ましい。

　企業組織も同じである。人々が自由に企業を選択できることは重要であるが，国家と同じく企業の移動にもスウィッチング・コストがある。経営者は，魅力的な企業組織を構築することで他企業への資源流出を止めなければならない。

　国境の意味は，各国が独自の言語や価値観，その他の諸制度を有し，他国とは異なる意思決定主体として国民を統治する範囲である。企業の境界も，同じ視点で考察できる。ガバナンス・コストが高まれば，有形・無形の境界は狭められる。統治者は魅力的な国や企業を作ることで，統治に基づく収益を高め，ガバナンス・コストの相対的な低下を図る必要がある。他の国や企業が魅力的であれば，統治者のガバナンス・コストは上昇する。統治に失敗すれば，有形・無形の高い壁が必要になる。情報を管理し，教育内容を検閲するなどの壁は多くの国でみられるところである。企業組織の研修も，多くの場合，その企業に固有の教育内容となる。城壁は他国からの侵略のみならず，自国民の亡命を防ぐ。企業に固有の知識や技術を習得すれば，他企業への流出は防ぐことができる。

　しかし，強固な城壁でも，内外の環境変化で倒壊する。社会（5W2H）の矛盾が蓄積すると内部から崩壊する。古代ローマ帝国は，永きにわたり繁栄を謳歌した。しかし，繁栄期の秩序は，宗教

や価値観の変化，技術，多民族の流入などで変化し，秩序の組み換えが必要になる。ソビエト社会主義共和国連邦の成立と崩壊も同様である。M&Aを繰り返して成長した巨大企業の統治が難しいように，国境が広がり，国家が巨大化することはガバナンス・コストの上昇を招く。言語や尺度を共通化できても，「豊かさ」を共通のものにできなければ，生活様式は異なり価値観の共有も難しい。

矛盾の蓄積は，封建制社会から資本主義社会，そして社会主義というような統治機構の大転換を生む。ベルリンの壁は，社会主義国家の矛盾を蓄積し，再度資本主義国家の統治機構を再構築することとなる。外部環境の大きな変化は外圧となり，城壁を破壊する。ペリー来航の外圧は，幕藩体制から明治維新への国内統治機構の大転換の引き金となった。こうした高く強固な壁の倒壊は，ガバナンス・コストの急激な上昇を意味する。

国家の概念と企業概念は共通する。国境は，企業と市場の境界の議論である。企業組織は，新たな技術の登場や法律の制定，海外取引の開始，競争企業の登場，その他の環境条件の変化で5W2Hの見直しをしなければならない。環境変化は，企業組織の規模や境界を変化させる。国家の統治と同じく，株主や従業員が企業組織に留まる理由は，企業のガバナンス・コストの視点で考察できる。

【注】
（1） 新疆ウイグル自治区やウクライナにおける親ロシア派武装勢力，スコットランドの英国からの独立問題など，国家は常に利害衝突の場となっている。
（2） 貨幣の発行権限を有しても，これが国内で流通しなければ意味がない。国内で流通しない貨幣は，他国との貿易でも価値を持たない。

（3） 他の国に対する債権と自国の債務を相殺した正味の債務が自国民の債権である場合，それは株式会社における株主資本と同じ意味を持つ。
（4） Micklethwait, J. and Wooldridge, A.(2003)，邦訳書（2006）p.12。
（5） 個々人が分業と協業の体系の中で役割を発見するには，情報の交換が必要であり，情報を理解し，利用できる環境が必要になる。国語が他国の言語より魅力的であれば，国境を越える機会費用は高くなる。高い水準の教育を母国語で行うことで，その国の歴史と文化が学問の中に位置づけられる。多様な知識や経験を表現する言葉がなければ，その国の言語の必要性は薄れ，国境を越える機会費用は低下する。

第 5 章
権力の集中と分散

1　国の統治

　企業の統治形態を考察するためには,企業を統治する国家の形,すなわち政体を考察する必要がある。企業は国家の部分集合であり,国家と企業の形はかなりの程度まで相似形である。国家の主権（sovereignty）と統治方法により,企業の主権と統治方法が決まる。国家の主権とは国を統治する権力である。主権を実質的に有する統治者が,国家のあり方や政治の仕組みを決める。

　世襲の首長に統治される君主制（monarchy）[1]は,君主が国家の富を定義し,これを最大化するための国家組織を設計する。独裁的な君主国家では,個々人の主観的な効用や幸福感は評価の対象とはならず,君主の主観的効用が国家の「あるべき姿」を示すことになる。企業組織の創出する富が君主の定める富を損なうような活動は許されない。選挙で元首を選ぶ共和制（republican）は,選挙民の意思を反映する国家体制となり,選挙民の富を最大化する企業組織を選択する。元首は,多数者の効用を代表することになる。しかし,共和国と称する国家でも,1つの政党が独裁する国家や世襲による統治者が専制政治を行う国がある。また,かつてソビエト連邦

は15の共和国からなる連邦国家であった。

　君主国家の専制政治（autocracy）は，独裁者自身でみずからの地位を決める。主権者と統治の執行者が同一であれば，両者の間に利害の衝突は発生しない。統治の目的やその実現方法に関する戦略的意思決定は，利害関係の調整に時間をかけることなく決定できる。独裁者であっても，魅力的なビジョンと戦略を有し，被治者の豊かな生活を実現することはできる。ピラミッド型に階層化した権限の体系は単純であるが，組織の規模が拡大し，ピラミッドの高さが高くなれば，階層の上層部と低層部の距離は遠のき，不満を持つ被治者の数が相対的に増加する。それは利害衝突を生じる矛盾の蓄積となる。

　専制政治は，建国時の起業家的統治者に権力を与えた。しかし，権力の承継が進むにつれて，統治の目的と被治者の目的が乖離し，富の格差を拡大させ，価値観の相違を生み出す。創業起業家と事業承継者の立場の違いである。これを統治者が把握できなくなると，裸の王様と揶揄される事態となる。近代以降，君主に委ねる統治システムは，国民の「豊かさ」を追求する制度として，その限界を露呈してきた。国家という組織が規模を拡大する中で，特定の支配階層に権力と富が集中することの矛盾が明らかになり，被治者の不満を抑えるためのガバナンス・コストの増加が顕在化したのである。

　憲法（constitution）の制定は，こうした国家統治の基本的な原理・原則を定めたものである。国家のビジョンや「あるべき姿」を示すと同時に，統治者および被治者，そして企業の目的や行動を拘束するものとなる。憲法に反する組織を設計することはできない。

　近代的な立憲主義は，民主主義（democracy）に基づいている。民主主義は，主権在民であり，国民自身がみずからを統治する自己

統治の仕組みである。国民が自由に情報を取捨選択し，価値観の形成と社会のあり方，そして意思決定に関する選択と行動の自由を有する。国民が国家のあり方を決める以上，国家の分業体系の担い手となり，企業の主権や統治方法も国民が決める。

　国民の意思は，選挙により政治家に委ねられる。国民が意思決定の主体，すなわちプリンシパル（依頼人）であり，エージェント（代理人）として政治家が選ばれる。憲法は，プリンシパルの望む国家ビジョンを提案すると同時に，エージェントがプリンシパルの利益を損なわないように，その権力を制限する。

　プリンシパルである国民が，自己統治の仕組みとしてエージェントを選出している以上，エージェントの意思決定や行動を規制し，監視するための仕組みが必要になる。それらのコストは，プリンシパルがエージェントを利用するためのエージェンシー・コスト（agency cost）[2]である。このコストは，エージェントを要するすべての組織が負担することになる。ガバナンス・コストの最小化は，エージェンシー・コストを最小化する制度設計でもある。

　プリンシパルとエージェントの関係は，分業と協業の体系が発展するにつれて複雑になる。エージェントは，プリンシパルの仕事を代理することで報酬を受け取る。しかし，プリンシパルを蔑ろにしてエージェント自身の利益を追求する報酬制度を設計すると，分業と協業の効率性は維持できなくなる。報酬の契約方法が社会の成果に影響を与えることになる。

　選挙で当選した政治家は，国民のエージェントであり，政府の官僚に対してはプリンシパルとなる。しかし，それぞれがみずからの利益を追求すれば，国民の利益は蔑ろにされる。法律の施行は，政府の各省庁の仕事として振り分けられ，具体的な実施段階では民間

企業に託される。政府と民間の仕事の分担は，大きな政府と小さな政府を分類する基準となる。

民間企業はエージェントとして位置づけられる一方で，選挙に際しては選挙資金を含めてプリンシパルの立場にある。政治家と企業の関係は，単純なプリンシパルとエージェントの関係ではなくなる。主権者である国民の利益を追求する契約関係が求められる。

日本の場合は，世襲による天皇制の国家ではあるが，君主が権力を独裁しない国民主権による民主国家である。1946年に公布された日本国憲法では，国民主権，象徴天皇制，基本的人権の尊重を目的にして，国会，内閣，裁判所といった国家の組織体制を定めている。

国会で制定する法律は実現すべき国家の計画策定を意味し，行政権を有する内閣で法律の内容を実現する。したがって，内閣は執行（executive）機関であり，各省庁が行政の役割を分担した管理運営の組織（public administration）となる。裁判所は司法権を有し，主権者である国民の意思決定や行動が法律に基づいているか否かを監視し，修正すべきか否かを判断する。これらはPDCAを可能にする国家機関となる。株主総会と取締役会の関係は，主権者である国民と選出された国会議員の関係に類似する。取締役会は企業の「あるべき姿」を決定し，代表取締役あるいは執行役などを選出して，その行動を取り締まり，企業戦略の具体的な執行を行わせる。執行の方法やその成果は，監査委員会や監査役会などでチェックされる。それは裁判所の機能に近い[3]。

独裁者による国家統治や民主主義に基づく国家統治の選択も，ガバナンス・コストと成果との関係が問われる。物質的にも精神的にも豊かな生活が保障される国家であれば，独裁者の国家を選択する

かもしれない。カリスマ的な指導者に支えられた優良企業は多い。

　他方，民主主義により，多数者の意見が集約されても，物質的な貧困と苛烈な競争による貧富の差や精神的なストレスを生じる国家は，望ましい国家統治とはいえない。社内の出世競争と派閥人事にあくせくする戦略なき大企業は，民主的な経営と称しても魅力に乏しい。

　国王や宗教指導者に主権を委ねることが正当になる状況はある。政府と市場の選択問題は，独裁者と民主主義の比較問題に近似する。同じく，企業の統治機構にも当てはまる。カリスマ的な経営者による意思決定が企業の発展に導くこともあるし，世襲経営者による独断が企業を破綻に導くこともある。

2　多数派と少数派のガバナンス

　民主主義的な意思決定の仕組みは，個々人による分権的な資源配分メカニズムを選択する。国家は，財・サービスの資源配分に関して，主権者である国民の効用を高める仕組みを構築しなければならない。国家の構成員全員が主権者となり，構成員の合意により資源配分の意思決定を行う体制や思想が民主主義である。その前提となるのは，個々人が自立し，みずからの価値観に基づき判断を行うということである。

　資本主義社会は私有財産制度である。個々人が自立するには，各自の財産を自己管理しなければならない。財産の管理ができない者は，資源配分の意思決定に加われないことを意味する。資本主義経済は，市場の売買による価格メカニズムにより資源配分を決めるが，市場は万能ではない。市場の資源配分機構が機能しない部分は，政

治の「見える手」による資源配分が必要となる。1人1票による投票権と1円1票による投票権が資本主義社会における民主主義国家の資源配分の仕組みとなる。

　民主的な意思決定は，多くの意見を尊重する多数決原理となる。しかし，多数派による意思決定が，望ましい「豊かさ」を実現するとは限らない。多数派は，多くの場合保守的であり，現状を肯定的にとらえている。それゆえ，単純に多数決原理を振りかざしても，国家や組織の発展にはつながらないのである。

　異なる価値観を認め，多様な意見の中から許容可能な範囲を発見し，共通部分を探りながら最終的な着地点に到達することが求められる。少数意見を尊重するのは民主主義の証である。思想信条の自由を保障し，職業選択の自由や財産権などの基本的人権を守ることが必要になる。少数意見の排斥は，自由な思想を排除し，既存の権力者による政治的な意思決定が継続される傾向を持つ。企業組織では，現経営者の権力と体制が維持され，新規事業の芽を摘むことにもなる。

　プリンシパルとエージェントの間には，情報の非対称性が存在する。国民が有すべき情報は，エージェントである権力者により制限され操作される。株式会社であれば，株主に開示されるべき情報が隠蔽され，経営者の独裁を招くかもしれない。民主主義の弱点は，一部の権力者やマスコミによる大衆の扇動であり，個々人の自立した判断力を見失わせることである。ナチスのヒトラーの演説は，象徴的な事例である。株式市場で周期的に起こるバブル形成なども，大衆投資家を扇動する株式市場の危機を意味する。個々の投資家の自立した評価を破壊する市場の力学が働く。

　多数意見に収斂するのは，既存の利害関係を承認し，分業と協業

の体系に変化を与えない。他方，少数意見は，新たな社会秩序を生み出す可能性を持ち，そのことで既存の利害関係を破壊する可能性がある。経済発展の原動力となるイノベーションは，少数意見の中に種がある。この種を汲み上げることは，既存の利害を代表するエージェントにとって難しい選択である。このエージェンシー・コストの上昇は，新たな社会の「豊かさ」と対比される。

　これとは反対に，少数意見は経済発展の阻害要因にもなる。少数の利害関係者が政治的には強い圧力団体になりうる。多数にとっては関心（利益）の薄い問題が少数にとっては高い関心事（利益）である場合，多数者は問題に対して無関心となり，行動を起こさないかもしれない。フリーライダーは，みずからの利益に直接関わらない問題や利益が小さいと考える問題に対してコストを負担しない。

　分権化した社会では，関心領域と意思決定すべき範囲が狭められているため，他の領域には注意を払わなくなる。企業は，みずからの業界に関わる利害に関心を持ち，他業界には無関心になる。不特定多数の零細な株主は，議決権の行使に熱心ではない。みずからの１票の影響力が無視されるほど小さいと考えるためである。結果として，特定少数の株主や経営者の支配が容易になる。これは，民主主義社会におけるフリーライダーの問題である。小さな圧力団体がみずからを保護する法律や規制を要求し，顕在化していない新規参入者の利益を阻害する。既得権益を守るための活動が，企業の成長や発展を阻害し，国民の「豊かさ」を阻むことになる。

3　組織的意思決定のエージェンシー問題

　多数決原理は，多様な意見を交換させながら，共通部分を模索し，

1つの結果に到達する。主権者は個々人の主観的な判断に基づいて意見を表明するが，選挙を通じた間接的な統治では，エージェントが意見を代表する。このとき，プリンシパルの多様な意見は，1人の人格や1つの政党あるいは組織の中に取り込まれ，矛盾を生じる可能性がある。

例えば，政治家Z氏は，利害関係の異なる多様な意見をまとめる。ある問題Aに関してはX氏の意見を代表し，他の問題Bに関してはY氏の代理人になる。X氏は，問題Bに関して反対かもしれない。Y氏は，問題Aに関して無関心かもしれない。X氏は，問題Bに関するZ氏の意見に反対であるにも関わらず，相対的評価によってZ氏に投票する。Y氏は，問題Aに関してフリーライダーであるが，問題Bの立場でZ氏に投票する。その結果，Z氏が当選しても，問題によっては投票者のエージェントにはならない。X氏やY氏の意見は，Z氏を介して調整され，新たな意見となってまとめられてしまう。

図5-1　プリンシパルとエージェント

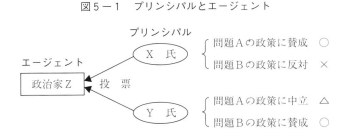

Z氏の意見は，さらに政党内における多数派の意見にならなければ表に出ることもなくなる。政党内の組織に民主主義的な手続きがあれば，プリンシパルの意見は，多数の階層化されたエージェントの組織を介することで，当初の意見とは異なるものに変形される。Z氏が独裁的な権力者であれば，X氏やY氏の意見は，他の政治家に比較して，尊重される可能性が高くなる。

　1円1票の市場価格に関しても類似の問題がある。X社やY社は多様な製品を製造している。X社が利益を上げ，Y社が損失を計上したとしても，Y社の製品すべてを否定したわけではない。Y社の一部商品が人気商品となっても，Y社は他の失敗により人気商品を販売できなくなるかもしれない。企業組織に伝達される情報は，下部組織から上部組織に伝達される過程でプリンシパルの評価とは異なるものとなる。

　企業組織が民主的な意思決定機構を備えていれば，ボトムアップ型の経営となり，独裁的な意思決定者が存在すればトップダウン型となる。ボトムアップ型の意思決定は，人気商品が認識されていても，各部署の利害が衝突し，選択と集中が円滑に行われない可能性がある。他方，トップダウン型経営は，市場価格に敏感に反応することができる。

　われわれは，多種多様な意思決定のパッケージを個人や組織に委ねている。それらがプリンシパルの完全なるエージェントとなるには，両者に一対一の関係が要求される。すなわち，専属のエージェント契約である。さらに望ましいのは，目的や機能ごとにエージェントを選択できる制度である。個々の財・サービスの生産に関しても，一商品ごとに原子論的な単位の企業を設立させることが望ましい。プリンシパルとエージェントが一対一の関係にあり，顧客の要

求する商品ごとに企業が生産するという構造となる。

　現実の世界では，プリンシパルの諸問題に別々に対応する専属のエージェントは高いコストを要求する。電話の応対やメールの返信が苦手であっても，秘書機能のエージェントを雇用するコストは高い。各自は，自分自身で遂行する部分とエージェントに委任する部分の機会選択を行う。これはエージェンシー・コストや取引コストの問題である。政治は政治家に任せ，政治家は政党という組織の一員になる。顧客が生産を託す企業は，組織化され多種多様な商品を生産し販売する。この問題は，市場と組織の比較問題につながっている。

　情報技術の発達は，エージェンシー・コストや取引コストを低下させてきた。多種多様な製品やサービスが，個々人のニーズに合わせて生産可能になる。しかし，そのような状態でも，多種多様な意見をとりまとめる組織的な意思決定が必要とされるかもしれない。これはガバナンス・コストによる比較である。

　自立した個人を前提とする国家や組織は，民主主義的な意思決定ルールを制定している。各機能に応じた一対一のエージェントを構築できない以上，エージェンシー・コストを最小化させるような仕組みを設けなければならない。エージェントに独裁的な権限を与えないことである。1人の人格に権力を集中させず，権力を分立することで，既存の利害関係から生じる国家権力の行使に枠をはめる。個々の企業でも，経営トップの意思決定を尊重しつつ，暴走を防ぐための権力の分立が必要である。企業目的と利害関係者の調整を行う権力の分立の組織設計が，企業の永続的な存続に結びつく。

　既述のように，わが国では，国家の権力を，立法，行政，司法の三権に分け，立法権が法の定立を，行政権が法の執行を，そして司

法権が法を適用する権力を持ち，異なる人格に各権力を与えることで権力の乱用を防止している。大統領制の国でも，その権力は制限されており，すべてを決定する権力を持たない。議会と首長の関係，二院制や議院内閣制など，さまざまな仕組みが国のあるべき方向性や人々の暮らし方，「豊かさ」の追求などを検討している。

　各国の制度はそれぞれに異なり，一長一短がある。不偏的に適応可能な政治体制というものはない。選挙方法や首相の公選制，衆議院や参議院のあり方やその人数など，依然として試行錯誤が続いている。国家の諸制度が変更すれば，会社法や金融商品取引法なども変化する。

　国民の意識変化や情報通信技術の発達など，さまざまな環境変化が統治の適否に影響を与える。情報がどこに集まり，どこが処理するか。情報が個々の利害関係者にどのように伝達されるかにより，権力の集中度合いは異なる。情報の集中は権力の集中を意味する。主権者である国民が統治権を行使するには，個々人が自由に情報に接近し，認識対象と認識方法を選択できる仕組みが必要になる。情報が広く国民に分散されることで，権力も分化する。形式的な国民主権を謳っても，国民が情報を取捨選択できなければ，国民は統治者としての主権を行使できない。

　民主主義は国民主権の自己統治の仕組みである。自己統治は自己責任を伴う。自己責任とは，合意形成の結果が各自の財産の変動を伴い，そのリスクを負担するということである。それゆえ，民主主義の合意形成が多数決原理であるとしても，私有財産の取引に関しては財産の多寡に応じて責任を取ることになる。1人1票の多数決原理は，私有財産の問題に関しては1円1票の市場原理となる。

　市場原理は，財産の多いものが分業と協業の体系に多くを関与で

きることになる。富裕者の贅沢品が生産される一方で，貧しい人の生活必需品が犠牲になり，財産の少ないものの生活権は脅かされる可能性がある。民主主義による合意形成は，こうした市場原理の欠陥を補う決定に導くことができる。1人1票による民主主義は，税制や社会保障制度により，1円1票の問題を解決することになる。

4 統治の組織

　国の制度や仕組みは，一定の制約条件下で設計されている。その時代に利用できる自然資源の多寡や人口，資本蓄積の程度，技術水準などの制約条件が制度を設計する。情報通信技術の発展は，機械などの資本設備の質量に大きな変化を及ぼし，分業と協業のための組織設計を変化させ，新たな無形資本を形成している。制約がなければ，選択機会は無限であり，いかなる意思決定も損失を生まない。言い換えれば，意思決定のための制度設計は，多様な制約の中で最適な意思決定をするための工夫である。

　統治者はみずからを取り巻く環境の制約を受け，制約条件の中で意思決定を行う。内外環境に変化がない世界は，自然環境や人口が一定で，技術進歩もない世界である。自然災害を受け入れ，どの夫婦も親と同じ年齢で2人の子供を育て，昔ながらの生産方法を維持し続ける。このような状況では，統治の仕組みは変化しない。内外環境の変化が漸進的であれば，収集すべき情報の範囲や意思決定のための選択肢に大きな変更は生じない。内外環境の変化が少なければ，制度変更をせずとも意思決定が可能である。徳川幕府が300年の歴史を持つのは，鎖国政策によって環境変化をコントロールできたためである。

環境が変化すると，既存の制度との間に矛盾が発生する。それはガバナンス・コストの上昇であり，新たな制度設計を必要とする。漸進的な環境変化は，制度の微調整を必要とする。制度設計の修正が漸進的であれば，利害調整も漸進的対応になる。漸進的な環境変化に対応した制度の修正を怠ると，その累積は制度の根幹を揺るがす破壊的な変化に結びつく。

　内外の環境変化への対応ができなければ，蓄積した強い内圧が坂本竜馬などの起業家的能力を要求し，歴史的な国家制度の変革に導く。旧秩序では，法の精神や法体系を破壊する国家反逆罪である。5W2Hの判断を誤れば，犯罪者として社会から葬られる。新秩序への移行期は，新たな秩序を作る革命的運動であり，起業家的統治者は5W2Hを的確に判断する能力と，この運動に多くの人間を巻き込むだけの魅力が必要になる。

　統治者による制度は，統治者自身の意思決定を拘束することになる。統治者は，たとえ独裁者であっても，みずから決定したルールを反故にすることは難しい。ご都合主義的にルールを変更すれば，分業と協業の役割分担に変更が生じ，組織構成員の仕事が定まらなくなる。統治者が組織構成員の不満や不利益に気づかなければ，統治者としての支持を失うことになる。

　しかし，通常，統治者は完全に孤立した個人ではない。独裁的な統治機構であっても，権力を委譲する特定のメンバーからなる部分組織をつくる。統治者の意思決定は，こうした側近組織からの制約された情報に基づき判断することになる。情報の収集段階と情報の解析段階には，さまざまな人間が関与する。情報にアクセスする人間を決めるのも統治者である。

　したがって，統治者が情報を集め，これを解釈するための仕組み

は，それぞれの統治者に固有の統治機構になる。情報を収集する個々人により，認識対象も認識方法も異なり，統治者に伝達される情報は多様なものとなる。異なる情報が伝達されれば，統治者の意思決定は異なってくる。

統治者が中央集権的な意思決定者であっても，統治者に伝えられる情報が分権化された多様な意見を集約した結果であるかもしれない。他方，分権化した意思決定システムを採用していても，それらの情報が伝達されない仕組みになっていれば意味がない。形式的意思決定プロセスが同一であっても，個々の人間が介在する以上，実質的には違いが生まれる。人事権が権力の中心となり，権力者の任命責任が問われる。したがって，国家の統治機構を法律で決定しても，名目的な公式制度と暗黙的で非公式な制度が共存することになる。

この非公式な部分は，模倣困難性でもあり，特殊性でもある。それぞれの国家の統治機構は，意思決定に関わる人間とその関係性の構築によって特徴づけられる。これは企業の統治機構に関しても同じである。会社法に定められる経営機構は，特殊な中から一般化できる部分であり，それ以外の一般化の難しい部分が模倣困難なガバナンスの優劣となって表れる。古い秩序の破壊とは，公式に制度化された統治機構のみならず，非公式の統治機構を改めることでもある。

5　政府と企業

集権的な意思決定システムと分権的な意思決定システムの選択は，情報通信技術の発達により変化する。中央集権的と地方分権は，

国と地方の政治のあり方を問い，大きな政府と小さな政府は，独立行政法人と営利法人のあり方が問われる。傘の骨が中棒の先端部分に集まるような道路網は，都市を中心とした集権的な設計思想である。都市が成長すれば，傘の骨を補強するように環状線が建設される。集権的意思決定システムは，大都市中心的な思考であり，大きな傘を差すことに拘泥する。他方，分権的な意思決定システムは，小さな傘をたくさん作り，個々人がみずからの傘を差す仕組みである。傘の選択は，各自の行先や環境変化に依存する。民主主義の基本は，1人1人が傘を差すことである。そのための制度設計は，ガバナンス・コストにより評価される。

　5W2Hの資源配分が中央集権的に計画されると，個々人の主観的な効用が消費可能な財・サービスに反映されるプロセスを覆い隠すことになる。社会主義経済の計画経済は，その崇高な国家ビジョンにも関わらず，国民には意思決定のプロセスが見えにくく，情報を独占する独裁的な意思決定に導くことがある。この問題を解消するには，権限と責任の単位を明確にした組織の分権化が必要になる。分権化は，意思決定単位を小さな組織に分けることで，集めるべき情報の範囲や量を各組織の裁量に委ねることになる。しかし，中央集権的な組織における分権化は，官僚機構に見られる縦割り型組織の弊害を生じる。権限の細分化は役割の細分化であり，裁量的意思決定が制限され，柔軟な仕事が難しくなる。

　資本主義経済は，資源配分の主要な意思決定を企業という分権化した組織に委ねる。企業間の資源配分は，市場を通じた売買に委ねられる。売買は私有財産権の取引である。民主主義国家の個々人の判断は，市場における売買取引によって代替されることになるが，1人1票ではなく，1円1票という貨幣による投票である。多くの

貨幣を集めた組織が希少資源の優先的使用権を持つ。財・サービス市場が貨幣による投票権であれば，生産要素市場も貨幣による投票が整合的になる。

　市場は，企業と顧客の売買を通じて5W2Hに関する多種多様な情報を交換する。資源配分をめぐる市場の情報交換も，価格情報として発信されるまでは，分権化された企業組織の内部で行われる。いかなる商品を作るべきか，必要なサービスは何か，いくらで，誰に販売すべきか。これらの情報は，価格情報として市場に発信され，多くの貨幣票を集めた商品の供給企業が生き残る。

　売買を決めるのは個々人の意思である。したがって，市場は，個々人がみずからの財産を守る自立した個人によって成り立つように設計されねばならない。他方，企業の組織内情報は，いくつかの階層化された組織に分かれ，経営者が最終的に決断する中央集権的な意思決定の仕組みである[4]。国民経済にとって，企業組織内における中央集権的な情報収集と意思決定が，市場の情報収集と意思決定より有益であれば，企業組織の規模が大きくなる。主権者である国民が自己を統治する制度として，私有財産に基づく企業組織をどのように位置づけるかが企業のガバナンスを決めることになる。

　市場の情報交換は，売買情報に収斂される。私有財産に関わらない情報は等閑視され，国の関与が必要になる。国家は，防衛，警察，消防，道路や治水，上下水道など，私有財産の取引に不向きな資源配分を行う。市場の失敗は国家が補完し，国の予算審議で決まる税の徴収と支出による資源配分となる。それは1人1票を前提とした民主主義に基づく資源配分である。1円1票の分権化と1人1票の分権化は，政府の大きさを選択することを意味する。市場が効率的な資源配分を実現するのであれば，小さな政府が望ましい。

市場の失敗は，市場自身に内在する問題にも関わる。市場は自己責任に基づき私有財産を交換する場であるが，無秩序なものではない。一定の交換ルールを作ることで円滑な資源配分が行われる。市場の形成過程でさまざまな法律や規制を設け，正当な取引を実現しようとする。売買当事者双方の情報が不完全であるため，自由な取引に委ねると市場が消滅することもある。薬品に規制がなければ，健康被害や生命の危険を脅かす薬品が供給される可能性もある。事前に薬品の販売を規制することで，購入者は安心して薬品を購入できる。危ない薬品を販売すれば，事後的には結果を評価できる。しかし，健康被害が生じてからでは取り返しがつかない。危ない薬品の有無が事前にわからなければ，市場は機能しなくなる。バスやタクシー事業の規制緩和も，過当競争による危険な運転が事故につながる。

　政府の規制は，市場参入を阻害することを目的としたものではない。財・サービス市場のみならず，労働基準法や金融商品取引法も労働市場や資本市場への参入・退出を促し，取引の効率性を高めるための法である。事前の規制は，参入障壁となり，新たな商品や新規の企業参入を阻害するかもしれない。しかし，市場に委ねる事後規制は，市場そのものの信頼性を損なう危険がある。事前規制は政府による企業の統治であり，事後規制は企業による自己統治を意味する。

　市場を形成するルールは，民主主義的なルールで決まる。市場のルールが好ましい取引に導かないのであれば，ルールの変更が必要である。ルールの変更は，企業自体の活動を制限する。私有財産に基づく企業の活動や制度に関連する法律は，市場のルールでもある。私企業の活動に問題が生じれば，それは市場機能に問題が生じたこ

とと同じである。

　市場に委ねることで主権者の目指すべき社会が実現できないとすれば，これを是正する必要がある。市場と国家統治の最適バランスは，国家のガバナンス・コストを最小にするような私企業の活動範囲を決めることである。企業のガバナンスに委ねることで国家のガバナンス・コストを最小化する制度設計は，国のあり方を決める政治の問題となる。民主主義国家は，市場と国家統治のバランスを主権者である国民が決める。国家の分業と協業の体系を官と民でどのように設計するかは，極めて重要な統治問題である。

6　国家統治を支える下位組織

　国家の統治は，経済と切り離せない政治経済学の対象である。誰が，何を，どのような方法とコストで，誰のために生産するのか，この解を求める制度を設計しなければならない。社会のビジョンに基づき，これを実現するための下位組織を作らねばならない。社会のビジョンや目的を共有できなければ，個々人は役割を認識できず，モチベーションの低下をもたらす。

　国のビジョンは，国家のリーダーとなる統治者に委ねられる。あるいは，国民の意を反映した統治者が選ばれる。統治者は国民の代表者であり，宗教や道徳，他人を理解できるか否かというような共感（sympathy），社会的な価値観や感情を国民と共有しなければならない。ある種の価値観と感情を持つ人間が，その目的を達成するためにさまざまな組織を作り，ビジョンを実現することになる。

　資本主義国家における分業と協業の組織は，個々人の管理に委ねる私有財産と，社会が統治・管理する共有財産に峻別して編成され

る。それは，国が直接管理・運営する行政機関から，民間の管理に委ねるものまで多様な組織が存在する。私企業の国有化や国有企業の民営化は，社会におけるガバナンスの問題であり，社会のビジョンや目的の遂行にふさわしい組織形態が選択され，その結果が検証される。税金により運営される組織や株主が出資する利潤追求を目的とした株式会社，寄付行為に基づいて設置される非営利の職業訓練法人や医療法人，学校法人などの形態がある。各組織形態は，それぞれの目的を遂行するために異なる仕組みで構築されている。

　各組織の形態は，国家目的を達成する分業と協業の体系に位置づけられるが，上位組織との関係は異なる。個々の自立に委ねる放任主義的な管理を行い，問題が生じたときに事後的に介入する組織から，上位組織への従属的な組織として位置づけられ，事前の介入と継続的な干渉が行われる組織，そして，両者の中間的な組織形態など多様である。

　上位組織の干渉の強弱は，下位組織の統治者に対する任免権で決まる。干渉の程度が強い場合には，実質的に上位組織が下位組織の責任者を決める。任命された下位組織の統治者は，上位組織の目的を忠実に履行する役割を担う。民主主義国家の最上位組織は，選挙によって選ばれた国民の代表ということで権力を付与され，その権限に基づいて人事を行う。

　国家による干渉が弱い株式会社の経営者は，株主によって決められる。国政選挙による政治家の選出と同じく，株主総会で経営者（取締役）を選出することになる。株主は，1人1票ではなく，1株1票の原則で経営者を選任する。個人投資家の多くは，零細な株主であり，実質的に株主を決定することはできない。これは政治家の投票と同じである。しかし，多数の株式を所有する支配株主は，

過半数の株式を所有することなく経営者を選任することができる。所有と経営の分離が進むことで，多くの株主に経営者の選任に関心を持たなくなったが，そのことが経営者支配を可能にする状況を生んでいる。

　経営者を選任できる力は，株式会社の支配権を意味する。株式会社の支配権は，個々の株主から金融機関や株式持合いによる事業法人，投資ファンドなどに移行している。選任された経営者が会社のビジョンや目的を決め，その実現のための組織を編成する。それは，企業の活動領域と役割を決め，社会の分業と協業の体系に影響を及ぼす意思決定となる。

　経営者の交代は，創造的破壊には必要不可欠である。大統領選挙のように，選挙によって国のあり方が大きく変化するように，経営者の交代で過去の経営を捨てることができる。イノベーションのための組織は，過去の組織を破壊することが必要であり，経営者の交代は，新しい経営には必要なのである。それゆえ，経営者の任免権を誰が持つかは社会の発展に大きな影響を及ぼすことになる。

　国家のガバナンス形態は，その国の営利企業や非営利企業のガバナンスと相似するが，民主主義国家における1人1票と1株1票は異なる価値観を背景にする。平等や公平性という問題を問えば，両者の相違は明らかである。投票者の所得の多寡は国家ビジョンに直接関わらないが，株主の所得の多寡は会社のあり方や権力に影響する。両者は異なる権力機構であるが，相互に影響し合う。世襲による政治家が世襲の経営者であることがある。政治家が営利法人の利益を代弁する可能性がある。

　選挙区の人口流入や企業組織の成長に伴い，世襲による権力の掌握は困難になってくる。政治も経営も，専門的知識や経験を有する

エージェントに委嘱することが合理的選択となる。プリンシパルは，エージェントの権限を制限し，その意思決定と行動を監視する。エージェントの独断専行を規制する法律や仕組みは生まれるが，その一方，組織や意思決定範囲の拡大で，プリンシパルのエージェンシー・コストも上昇する。

【注】
（1） 君主制には，君主の権力を制限しない絶対（専制）君主制と憲法により制限される立憲君主制がある。君主の称号により，帝制（帝政），王制（王政），首長制（首長政）などになる。
（2） エージェンシー・コストは，コーポレート・ファイナンスやコーポレート・ガバナンス論の中心テーマとなる。翟林瑜（1998），（2009），（2010）や小山明宏（2010）などを参照されよ。また亀川（2009-a）でも，重要なテーマとして位置づけている。
（3） 取締役会は，立法府としての役割を持ち，代表取締役を選出して，その執行を監督する。それは，内閣総理大臣の選出に類似する。代表取締役は，取締役会が承認した企業戦略の執行責任者である。内閣総理大臣が大臣を任命し，各省庁の業務を遂行させるように，代表取締役は社長や会長という一般的な肩書を持って，各部署の責任者を命じる。部長や課長，係長などの組織は，戦略を執行するための実行部隊である。司法が実際の活動をチェックするように，会計監査や業務監査が必要になる。監査役は，取締役会の意思決定やその執行状況をチェックし，必要があれば修正を迫ることになる。

　国家の権力分立と企業統治の仕組みは類似している部分もあるが，異なる部分も多い。米国の大統領は，国民による直接投票で選出され，議会とは完全に独立しているが，議員内閣制では立法府と行政府の関係は完全な独立とはいえない。また，監査役会や監査委員会と裁判所の関係も，その性質は異なってくる。

　委員会設置会社は異なる統治構造であるが，基本的な統治構造は，私

有財産制度に則り，株主に経営監督権があるということである。
（4）　中央集権といっても，企業によってその形態は異なる。トップダウンでビジネスモデルが提案される企業も，ボトムアップで商品企画や販売方法が提案される場合でも，最終的な判断は経営トップの判断とされる。

第 6 章
資本主義経済におけるガバナンス

1 封建制社会のガバナンス

　経済体制は，国家の仕組みにリンクする。国家の統治機構は，選択した経済体制で決まる。しかしながら，すべての国の経済構造は，どれも異なっている。爬虫類や哺乳類に区別されても，爬虫類はカメ目やワニ目などに分類されるし，カメ目はさらに何百種に分かれ，同一種であっても個体差がある。DNAが異なるように，類似の経済体制に分類されても，同一の経済構造を持つ国はない。5W2Hによって組み立てられた統治機構は，それぞれに適した経済の仕組みを構築しようと試みている。選択された統治機構にふさわしくない経済体制の選択は合理的ではない。法の体系は，経済の体系にリンクしなければならない。

　われわれの社会は，資本主義（capitalism）という経済体制である。しかし，日常の生活の中で資本主義経済の特徴を認識することは少ない。われわれは，その生活を常識として受け止めているためである。この常識を認識するには，現代の経済体制とは異なる社会と比較する必要がある。封建制社会（feudalism）を取り上げる理由である。しかし，その社会のイメージも，資本主義社会の特徴を示

すために誇張されたものである。自給自足的な地域があったとしても，実際には多くの物資が流通し，市場の価格機構も成立していた。

西洋史における封建制社会は，キリスト教が支配した5世紀の西ローマ帝国の滅亡に始まる統治構造である。その構造は1000年にわたり，14〜16世紀のルネサンスや宗教改革の時代に転換点を迎え，資本主義に舵を切ることになる。この社会の富の源泉は，農作物などの食物を生産する土地である。国王は，貢納の対価として諸侯に領地の支配権を保証し，諸侯は臣下である騎士に土地を分与して領内を統治する仕組みである。

国王・領主・家臣の間にピラミッド型の主従関係をつくり，農民が生産した農作物を収奪する社会構造を構築した。支配階級が，土地と生産を担う農民を農奴として支配し，農民の富を収奪する仕組みである。この支配関係を維持するために，西欧では騎士，日本では武士という役割が生まれる。職業は身分制度として決められており，自由な選択が制限されている。各自には意思決定の選択肢がなく，何をなすべきかは社会構造により決められていた。

カール・マルクス（Karl Marx）の唱えた歴史観では，この理論的枠組みを非ヨーロッパ地域にも適用する試みがなされた。社会の仕組みが5W2Hによって決められるとすれば，普遍性のある制度を発見するのは難しい。しかし，資本主義経済の特徴を認識するために封建制社会のモデルを示すのは意味がある。資本主義経済とその政治的特徴である民主主義を知るために，王や貴族による封建制社会を取り上げるのである。

日本の封建制社会の成立に関してさまざまな見解はあるが，一般的には，鎌倉幕府に起源を求める。実質的な統治は武士が担うが，

天皇や貴族の権威を否定することなく，その権力に基づく社会を形成している。貴族の土地を守る武士が政治の実権を握るというのは，軍部によるクーデターである。統治者の交代により，平安時代の貴族社会の華やかさは，素朴で力強さを示す武士の文化に一変した。宗教は，豊作を祈る現生主義と領主に年貢を納めることで往生するという来世主義の教えを持った顕密仏教が主流になる。西洋におけるキリスト教支配と同じく，武士の統治にふさわしい宗教が選択されたのである[1]。

戦国時代の支配構造は，大企業の下請けと孫請けに類似した契約関係を構築している。財閥のような資本関係に基づく強固な関係ではなく，各自は自分たちの利益の中で裁量的な判断を行うことができる。親企業と下請け企業は直接つながるが，親企業と孫請けには直接的関係がない。このような企業間の関係と同じように，戦国時代の権力構造は複雑になり，人質などの人的な関係に依存せざるを得ない脆弱な統治構造となっていた。

乱世と呼ばれる戦国時代は，土地をめぐる領土争いが頻発する。仏教も，武装化する宗派や武家と共存する宗派など多様化し，統治の価値観が混沌とする。肥沃な土地の確保は，武士を養うために必須条件である。戦国大名は多くの武士を抱えることで，領土を拡張し，領土を拡張することで軍事力を増強できた。したがって，富と権力の源泉は土地にあった。新たな土地の獲得が所得増加の源泉である。統治機構は，土地を中心とした支配構造となる。

領主は，みずからの城を頂点とした分業社会を構築する。士農工商の身分制度により，各自の役割は出生により決まり，本人の選択余地は少ない。努力や能力とは無関係に職業が決まるということは，将来にわたる所得が決まることを意味し，将来の消費生活も予定さ

れる。富の格差は身分の違いとして社会的な価値観により正当化される時代である。

武士は、所領を守るだけでなく、領主が農民から富を収奪する役割を担う。農民の生活は再生産可能な水準に抑えられ、余剰の生産物は武力を背景にした強制力により収奪される。

たとえ、生産物が増加しても、その成果を分配する権利は農民に帰属しない。農民の生活改善は、みずからの生産技術の向上や新しいアイデアとは無関係に支配階級によって決められる。そのため、農民に増産のインセンティブは働かず、社会の所得水準は一定に推移する。

先祖代々の生産方法が継承され、技術変化のない生活が続く。毎日の暮らしは繰り返しであり、領土争い以外は安定した平穏な時代と位置づけることもできる。時間がゆっくりと流れ、人々は思考を停止させ、社会やみずからを認識することを止めていた。情報を収集し、知識や技術を高める努力は、特定の支配階級の権力闘争に集中することになる。現代社会では、経済成長が滞ると改革が叫ばれる。しかし、成長経験のない所得安定は統治機構に変化を生まない。財・サービスに変化がなく、生産方法も生産者も変化しない。

農民は領主のために鍬や鋤、牛馬を用いて田畑を耕し、農作物を作る社会である。5W2Hに変化が生じないため、社会の価値観にも変化が生じない。その結果、領主が農民を統治するガバナンス・コストは長期にわたり上昇しなかった。統治者も被治者も社会におけるみずからの役割を認識しない時代である。統治者にとっての脅威は、領土を失う外部からの侵略であり、その防衛には大きなコストが必要であった[2]。

この時代の経済変動は、自然現象に左右される。食料中心の社会

では,天候が豊作と不作に影響する。GDPの増減,すなわち景気循環が自然に支配されていた時代である。飢饉は,武士と農民を対立させるが,農民一揆による緊張関係は貧富の差や農民からの収奪に対する社会的不満ではなく,生死をめぐる食料不足に原因があった。農民が餓死する事態は,武士にとっても生産力の基盤を失う重大事態である。天候回復により平年並みの収穫が戻れば,生産と分配の社会構造に変化を求めることはなかった。

　封建制社会の中で構築された分業と協業の制度は,比較的安定した構造として長く続いたのである。身分制度は,各自の役割を固定化し,身分階層ごとに分業の仕組みを分断することで,分業の仕組みは発展の途を閉ざされていた。

2　資本主義経済におけるガバナンス

　資本主義社会の成立は,18世紀の中頃から19世紀初頭までの時間をかけた産業革命の時期にある。この時代の特徴は,土地の囲い込み(enclosure)による農業生産力の上昇と,囲い込みにより土地を失った農業従事者が生まれたことである。製造業の働き手は,熟練した職人から機械化した工場で働く不熟練労働に変化し,土地や資本を所有しない労働力の担い手が1つの社会階級として登場してくる。18世紀中葉以降のイギリスにおける社会制度の変化は,徐々にヨーロッパに伝播し,新たな制度を形成する。

　K.マルクスは,工場等の生産手段を所有する一握りの資本家が,労働力しか売ることのできない多くの労働者を搾取し,資本家に富を集中させる社会として資本主義社会を認識した。文字通り,資本の運動が基本原理となる経済制度である。

資本の運動とは，貨幣資本が生産に投下され生産資本に転化し，商品を生産して，再び貨幣資本に還流する資本の回転運動（貨幣資本 → 生産資本 → 商品資本 → 貨幣資本）である。資本の回転運動は，投入した貨幣資本が利潤を伴い増殖して回収される資本主義社会の中心原理である。購買－生産－販売のサイクルととらえてもよい。

封建社会から資本主義社会への歴史的発展は，その原因に関わらず，分業と協業の体系を激変させた。地主階級から資本家階級へのパラダイムの転換が生じ，社会の隅々まで波及し，個々人の役割の変化が社会の摩擦要因ともなった。地主が享受する富が相対的に小さくなり，資本家が多くの富を享受する社会に移行する。

資本家を階級として認識するのは，私有財産制度の確立が必要になる。生産手段を私的に所有することで，利潤を請求する権利が資本家に付与される。他人が欲する財・サービスの生産のためにみずからの財産を投入する。その目的は，生産した商品を貨幣と交換し，私的な財産を増加させることにある。市場取引が私的財産の交換である以上，みずからが犠牲にするコスト（費用）と相手から得られるリターン（収益）を秤にかけ，費用以上の収益が期待されるときに交換が成立する。少なくとも，みずからの財産を毀損させることは避けねばならない。利潤追求は，私有財産を堅持するための必然的な動機であり，利潤最大化は資本家に課せられた責任となる。

個人は，生産者であると同時に消費者である。生産者の利潤追求と同じく，消費者は現在および将来の効用最大化を目指すことで，自分の財産を守り高める。消費者にとっての財産は，将来の消費のための蓄えを意味している。それは，冷蔵庫や家電製品などの耐久消費財，冷蔵庫や冷凍庫に保管された食料品，家具や家屋などの長期的な耐久消費財，そして株や債券，預貯金として所有する企業の

生産手段からなる。社会の分業と協業の体系は，最終的には個々人の家事労働を経て消費活動によって完結する。家庭が所有する家事労働のための生産手段（保管された食糧品や耐久消費財）と企業が所有する生産手段は，いずれも社会の資本である。この資本を所有する主体は，どのような形態の資本であろうと資本家として分類される。それゆえ，現実の世界では，完全なる資本家も完全なる労働者もいない[3]。

　アダム・スミスは，資本家による私的利潤の追求が社会的利益に適うと考えた。中央集権による計画的な財・サービスの生産ではなく，市場の「見えざる手」による分権的な資源配分である。社会が必要とする財・サービスは，市場に参加する個々人の投票，すなわち商品の購入によって決定する。ニーズに対して相対的に少ない財・サービスが高い価格を付け，相対的に過剰な財・サービスの価格が低くなる。個々人が利潤を追求することで，価格の低い商品から高い商品の生産に資源が流れ，ニーズを満たす生産が行われる。価格機構により，分業と協業の組織に希少な資源が振り分けられる。

　価格機構を介して配分される資産は，個々人の私有財産として所有・管理される分権的な制度が資本主義である。各資産は，個々の所有者の権限と責任に委ねられ，その結合と集合により社会の財産を形成する。自立した個人は，私有財産を守るためにみずからの権限と責任によって利潤を追求し，資本の維持・拡大を図る。財産の増減に関するリスクとリターンは，個々の所有者によって評価され，意思決定される仕組みである。

　選択の自由はリスクとの引き換えであり，5W2Hの意思決定は，国家のリーダーではなく，個々の資本家の判断に委ねられる。スミ

スの「見えざる手」という言葉が示すように、社会全体を意識的にまとめあげる人格は存在しない。顧客も生産者も、みずからの私的財産を守らねばならない。売買という交換により不利益を被れば、財産は毀損する。顧客は、最も質が高く、価格の安い商品を購入しようと努力し、生産者は、みずからが得意とする分野に特化し、最も効率的な生産方法を選択することで顧客のニーズに対応する。得意分野に特化できない生産者は、利潤を得ることができない。

　資本主義社会は、交換の仕組みに利潤追求というインセンティブを導入することで、分業のもたらす社会的利益を飛躍的に高めたのである。資本主義社会は、社会が望むものを効率的な生産者に託すため、資源配分機能を市場に委ねたのである。

　市場は、コストと交換にリターンを得る場である。私有財産を増加させるには、リターンに対するコストの相対的低下が必要である。生産コストは、生産要素に支払う報酬である。労働力と土地は、生産目的に応じて利用される。需要のある土地の価格は上昇し、不必要な土地の価格は下落する。労働力は、能力に応じて細分化され、能力に応じた賃金が決まる。1人の人格は、多様な能力の結合体であるが、比較優位の能力が抽出され、売買対象となる。不熟練労働や標準化した労働力の価値は下落し、希少な労働力の価値が上昇する。生産目的に最適な生産要素を組み合わせることで、効率的な生産とコスト最小化が達成される。

　各職能は細分化され、特化することで生産効率を高める。分業が進み、網の目のような取引構造が最終的な消費のために構築される。しかし、ここで注意しなければならないのは、労働者は資本家に雇用され、企業内組織分業の担い手になるということである。すべての労働者が個人企業の資本家になるのではなく、一部の資本家と多

数の労働者が企業組織を構築する。市場と組織の選択問題である。資本主義経済における市場の仕組みは，組織と市場の境界問題を生み出すのである。

　ここに企業組織のガバナンスが必要になる。統治者は，企業組織の意思決定権を有する者である。資本家が統治者となり，労働者は被治者となる。所有と経営の分離が進行し，資本家と経営者が別人格になるとき，企業のガバナンスは新たな次元に入る。

　土地や労働力の質や量が同じであれば，コスト削減は資本の質量に依存する。最新鋭の技術と規模の追求が利潤追求に必要となる。資本家は，新たな機械装置や工場規模の拡大を競うことになる。結果として，急速な技術進歩と資本蓄積が進展することになる。資本主義という名称は，封建社会にはない資本の質的発展と量的拡大に着目したものである。

　土地中心の封建制社会から資本主義社会に移行したことで，利潤をめぐる競争が生産要素の取引を活発化させた。停滞と安定した社会は，成長を享受する社会となるが，その代償として不安定性を甘受することになる。制約された職から選択の自由な社会になることで，多様な仕事が誕生し，分業の仕組みは高度に複雑な体系となる。分業の高度化は，情報の不完全性と専門的知識の壁を高くし，職能間の差が賃金格差を生むことになる。高い賃金を求める競争は，経営者や労働者のストレスを高めることになる。

　新たな仕事を生み出す創造的破壊は，常に既存の分業体系に失業をもたらす。この不安定性は，利潤を享受する資本家のリスク負担とは異なり，失業という労働者の犠牲を強いることとなる。

3　価値観と市場の生成

　市場は交換の場（空間）であり，売買行為を通じて各人の私的財産が交換される。分業の利益を享受するためには，売買取引を円滑に行うためのルールを決める必要がある。法律で定められるルールもあれば，各市場独自で決まる慣習的なルールもある。市場の形成は，交換の正義を作るプロセスである。

　正義が形成されるには，宗教の布教活動や道徳教育による影響が大きい。マルチン・ルター（Martin Luther）の宗教改革が，中世ヨーロッパの共同体組織の中心にある教会の秩序を破壊し，近代社会に導く思想となったと言われる。それは，また資本主義経済の生成に影響を与えたに違いない。

　マックス・ウェーバー（Max Weber）の『プロテスタンティズムと資本主義の精神』（*Die protestantische Ethik und der 'Geist' des Kapitalismus*）は，こうしたキリスト教の職業倫理が資本主義の発達を支える要因と考えている。禁欲的なピューリタリズムが支配する国では，労働者が効率性を追求し，職業を天職とする考えと，現生の成功は神のご加護の証という考え方が結合し，資本主義発展の原動力になったという仮説である。

　もちろん，この関係を実証することは難しく異論も多い。明治維新は外圧による資本主義社会の生成であり，キリスト教の与えた影響は大きくない。それでも，宗教が統治構造に関わることは間違いない。仏教の禅思想やイスラム教は，キリスト教に比較すると資本主義社会に融和しないかもしれない。

　宗教は，生産活動や消費活動など，人々の生活習慣に影響を与え

る。利子の徴収を禁じたり，飲食に制限が加えられると，これに関わる法や規制が生まれる。正義の基準が変われば，社会の制度は変化する[4]。しかしながら，16世紀の宗教改革が18世紀以降の産業革命にどの程度関係しているかは，ここでの問題ではない。重要なことは，土地や労働力の商品化と職業選択の自由という価値観の醸成，そして私有財産制度に基づく利潤追求の正当性が，企業活動に関する権力を資本家に与えるというパラダイムの大転換が起きたことである。資本家は経営者や労働者を雇用し，人事権の支配によって企業組織を統治することになる。希少な経営資源を支配する正当性が資本家に与えられなければ，企業の成長や発展はない[5]。

　人々の価値観は技術革新にも影響を受ける。製品は均質化し，農作物までもが規格化される。それは市場で取引するための必然性である。職人による生産から機械制工場の生産に変化すると，時間厳守は重要なルールとなる。工場労働者は，同時に生産ラインに就き，時間研究や動作研究により労働力の標準化が行われる。この変化は，資本家による労働管理の視点である。経営管理技術の発展は働き方を変化させ，組織の階層化に基づく権限と責任が，所得の多寡に関わる正当性を形成する。

　冷蔵庫や防腐剤などの食品に関する保管技術の発展が，消費や賞味期限などのルールを作り出す。中国産の食品が国内産に偽装されるのは，輸送コストが低下した結果である。インターネットによるカード決済などが，さまざまな新手の詐欺を生み出す。技術変化は，財・サービスとその生産や販売方法のすべてに関与し，新たな法律や諸規制を生み，人々の「あるべき姿」や活動をかたどることになる。それは，市場取引のための標準化プロセスである。

　労働市場や資本市場も，常に新しいルールを求められる。労働の

あり方については，機械化や情報技術の発展により変化する。長時間労働が当たり前であった時代が終わり，労働者の健康管理が要求される。家電製品の普及やコンビニの増加，保育園などの整備は，女性労働に対する価値観を変化させ，男女雇用機会均等法などの労働法制につながる。情報技術が資本市場に与える影響は大きく，グローバルな市場へと拡大し，国際会計基準の見直しなどに発展する。

そもそも，企業の規模拡大や組織化の要請がなければ，労働市場や資本市場は形成されない。小規模な生産単位の経済では，みずからの労働力と資本で生産活動を営む。個人企業は，他人の労働力や資本を調達しない。家族を中心とした企業も多い。アメリカでは，1840年頃まで個人事業主が単品を扱っており，衣料の消費地と綿の生産地の需給を調整・管理するような大企業は存在せず，自社の事業活動と散在する他の事業活動を調整するのは市場であった[6]。

新古典派の完全競争市場は，原子論的な個人企業を前提としている。労働の雇用や資本調達も必要のないほどに細分化された微視的な生産単位が企業と仮定される。それゆえ，労働市場や資本市場を明示的に論じる必要がなく，資本主義社会の経済活動を説明しない。

しかし，生産要素の売買が正当化されると，労働力は1つの企業組織に雇用される。スミスが例示したピン工場は，企業組織内の分業である。企業が組織化しなければ，就職活動は存在しない。個人企業同士の売買取引と企業内取引の効率性が取引コスト概念で比較され，分業経済を市場と組織に分化した。各人の貯蓄を貸借する行為や他人に出資する行為が社会的に承認されることで，所有と経営は分離する。銀行や証券会社が必須な業務となり，新たな分業の担

い手となり，企業の組織化を支える源泉となる。

　労働市場や資本市場における正義が形成されると，市場と組織の分業効率をめぐる競争が生まれる。労働市場や資本市場が整備されるのは，生産要素市場の生成であるが，一方で，財・サービス市場における生産活動の組織化を意味する。就活と資本調達は，企業の組織化の進展である。

　財・サービス市場も，生産要素市場も，社会の価値観や技術変化を反映して形成される。しかし，技術進歩の予見は困難であり，価値観の科学的検証はできない。経済学を科学的なフレームワークで研究しようとする新古典派経済学では，人々の価値観を所与とした理論構築を試みることになる。

4　社会主義と資本主義

　資本主義経済では，個々人の主観的な価値判断を最大限許容し，財産形成を個人の自己責任に委ねる。財産概念が，将来に対する個々人の準備状態と結びついているため，個々人が多様な選択機会の中から自由に意思決定できる制度を設計する。資本主義経済は自由主義の思想や民主主義の政治体制とつながり，意思決定の自由裁量範囲を認めるガバナンスを確立することになる。希少な資源は，意思決定者の裁量により5W2Hを決めることになる。

　このように私有財産制度に基づく資本主義経済は，個々の財産を個々人の責任で所有・管理する分権的な管理システムに依拠している。これに対して，社会主義経済は私有財産制度の持つ矛盾を解決するために，私的生産手段を社会の共有財産とする集権的な財産管理を提唱する。K.マルクスやフリードリッヒ・エンゲルス（Friedrich

Engels）等による科学的社会主義は，市場か組織かという選択問題として，資本主義と社会主義という経済体制を検討したのである。

社会主義経済は，生産手段を社会的に所有することで，個々人の裁量的意思決定の範囲を制限し，国家という組織内の計画的な資源配分に委ねることになる。個々人の多様な価値観は国家を治めるための共通の価値観に統一され，統治者の判断によって希少資源の配分目的と方法が決定される。財産に関する選択の自由がないことは，財産に基づく格差がない社会でもある。それは，個人主義や自由主義経済と対比される全体主義や集権的計画経済と称されるようなガバナンスを志向するようになる。

資本主義と社会主義の有する特徴は，思想や価値観の問題に関わるが，表面的な問題としては，物的な「豊かさ」の優劣であり，希少資源の配分に関する効率性の議論である。1920年にミーゼス（Ludwig von Mises）が発表した社会主義経済計算（Die Wirtschaftsrechnung im sozialistischen Gemeinwesen）の論文が引き金となり，「経済計算論争」を惹起した。

この論争は，計画経済により市場の均衡解を導出可能かという計算論争に終始し，計画経済による代替可能性に軍配が上がった。連立方程式の各変数が決定していれば，計算上は計画経済における資源の無駄は発生せず，市場ではなく国家組織に資源配分を委ねることになる。

市場が存在しなければ，資源配分は人間の意識的な情報収集とこの情報に基づく経済計画により決まる。このとき，計画者は，最終消費者の需要計画を把握しなければならない。完全なる計画がどのようなものかを考えてみよう。個々人は，みずからの消費計画を策定する。今日の衣食住やレジャーなどを正確に把握し，朝食は冷蔵

庫の中の何を消費し，明日に何を残すのかを記録しておく。明日の食材を購入し，白と紺色のMサイズのシャツ各1枚を調達する。毎日の需要情報は正確であり，過去の計画策定が完全であれば，生産および物流計画は事前の計画通りに遂行される。

　完全な計画は，今日の個人消費のみならず，誕生する男女の時期と人数，個々人の人生が終わるまでの将来計画を策定する。将来にわたる効用が測定され，生産計画に反映される。個々人が調達する将来消費のために，機械設備や工場の建設が行われ，そこで働く労働力の雇用計画を策定しなければならない。10年後の工場の人員計画は，人口の増減を加味して策定される。消費者が，現在から将来にわたる所得を把握し，その消費計画を立案することで，現在から将来にわたる生産計画が策定される。誤った消費計画の申告や計画と異なる消費を行えば，資源配分は失敗する。

　投資計画は，将来の消費者の購入計画に基づいており，各個人が将来の消費を約束することになる。裏返せば，消費者の緻密な需要情報は，消費者の緻密な所得予想に基づいている。将来所得の正確な予想なしに，時間にわたる消費計画は策定されない。この社会における消費者は投資家であり，投資の失敗は自己の責任となる。完全なる計画は，すべての財・サービスの先物市場が完備した完全市場と同じである。

　もちろん，環境が変化すればPDCAサイクルに応じて，新たな完全なる計画を策定することになる。しかし，計画の変更は，すべての分業と協業の体系を見直すことになる。

　消費者を取り巻く環境変化は，最低限認めねばならない。気候の変動で，夏物や冬物の消費計画には修正が必要になる。やむを得ぬ事情の変更は，社会的な理解を得ることができる。しかし，好みの

色やデザインなどの趣味による計画変更は，受け入れがたい。商品の種類や質などは標準化され，差別化する商品は排除される。

技術革新が起こると，分業の仕組みも変更しなければならない。分業の体系は命令系統で結びついているため，各分業単位における生産方法や生産物に関する自由裁量の余地はない。役割分担は，命令に忠実でなければならない。いずれかの単位で裁量的な意思決定を認めると，その変更は分業体系の隅々まで波及し，初期の変更の幅を増幅することになる。それゆえ，たとえ裁量権が与えられていても，裁量権を行使すべきではない。各分業単位にとって，イノベーションを引き起こすインセンティブは働かない。正確な消費・生産計画の策定とその履行が求められる社会では，官僚的組織が望ましいのである。

役割を担う人々は，決められた仕事を決められた時間で遂行しなければならない。効率的な働き方により生産性が上昇しても，他の職能との時間的な調整が取れねば無意味である。分業と協業の体系が社会の富を高めることを理解している人であっても，その調整メカニズムの複雑性に直面する。

財・サービスの種類が限られた発展途上の社会では，模倣すべき社会がある。モデルがあれば，一部の人々が社会をデザインできる。財・サービスの質量に関する目標を設定し，人材や資本の投入計画を策定できる。育成すべき人材のモデルがあれば，一定の知識や技術を授ける仕組みを準備できる。

しかし，模倣すべき社会は変化する。デザインとガバナンスの仕組みを再構築しなければならない。分業の役割を担う人々は，選択権を与えられずに，社会デザインの変更に応じた労働力の担い手とされる。人々は，働くことの意味や価値を見失い，知識や技術の進

歩と発展が停滞することになる。社会主義経済のガバナンス・コストが上昇するのは，統治者による分業体系の失敗に起因する。

　経済計算論争は，ミーゼス等のオーストリア学派（Austrian School）[7]が批判する社会主義経済の本質的問題をとらえていなかった。個人の主観的効用を探索する市場機能を等閑視し，5W2Hを所与とした計算手法の議論に矮小化したのである。5W2Hの決定した世界は，資源配分の調整問題が終焉している。5W2Hを発見する起業家の役割や実現のための統治者の存在が無視された議論だったのである。

　5W2Hの発見は取引コストの問題であり，主観的な価値が均衡に至る探索コストが含まれる。効用最大化の意思決定には，情報収集と代替案の比較という探索コストがかかる。購入者が多くの財・サービスの選択で悩むのは探索コストの問題であり，企業の広告宣伝や販売方法が経営上の重要な意思決定になる。

　新商品の登場のたびに，購入計画を策定し直す。流行，技術進歩，そしてイノベーションなど，市場を取り巻く環境のすべてが主観的な効用関数と生産コストを変化させている。これらが所与であれば，あるいは変化しないと仮定されれば探索コストはゼロになる。「豊かさ」は一定となる。

　社会の価値観は，自立した個々人の主観的効用とその価値観から形成される。共通価値の形成プロセスは，探索コストを低下させ，共通価値の理念型市場で探索コストがゼロになる。環境の変化で再び探索コストは上昇に転じるが，探索コストが上昇するという事態は，人々の価値観を変化させる社会発展を反映するものでもある。計画経済の統治者が，みずからの独善ではなく，探索コストの意味を理解し，その把握にコストをかけるか否かが重要になる。

5 計画経済と市場経済の陥穽

　ミーゼスの時代とは異なり,ビッグデータを用いた需要と供給の管理が可能になりつつある。組織における計画経済の精度は,探索コストを含めて格段に高まった。国家による組織的で計画的な経済運営と大規模な組織を有する私企業の経営は,情報通信技術の発展により変化し,ガバナンスのあり方を変えてきた。しかし,計算可能性以上に重要なことは,計算の前提条件を変化させる起業である。起業家を誕生させる条件と彼らが活躍できる制度が整備されなければ,市場も組織も発展しない。

　封建制社会や資本主義社会,社会主義社会などは,分業と協業の仕組みを類型化したものである。純粋な理念型制度は存在しない。時間の経過に伴い,各国に特有の経済制度が形成する。資本主義の特徴が純粋な形で制度化している社会は存在しない。外国による占領や植民地化などの外部からの強い力や革命などによって,古い制度が破壊され新たな制度が設計されることもある。そこにおいても人間の価値観や生活習慣などが制度設計に影響を与えている。

　矛盾が蓄積し,新しい制度が形成される場合には,封建制社会の価値観や仕組みが残存したまま資本主義社会になる。政治家や企業経営者の世襲は,市場経済ではなく,封建的な性格である。政府による計画経済は,市場の失敗というよりも市場経済の誕生以前からの仕組みである。

　資本主義経済は,個々の企業家や株式市場の投資家が,分業経済における個々の役割を評価する。他方,社会主義経済は,限られた一部の官僚により資源配分が決まる。資源配分をすべて計画化する

のは難しい。資本主義は，市場の失敗を政府と企業組織が補完する。市場が担うのは，政府と企業組織の狭間である。政府や企業組織は，それぞれのPDCAサイクルが市場に勝る部分を模索する。政府組織も，企業組織も，計画経済でありながら，現行の秩序を維持しようとする保守的な価値観を持つ。市場は，不特定多数の価値観が混在し，新しい秩序を形成する起業家を生み出す。これまでのところ，市場と組織の組み合わせが，特定の価値観に基づく計画的な分業と協業の体系を凌駕してきた。

　資本主義経済体制は，分権化した社会である。各統治者には，ガバナンス・コストの最小化を模索する選択肢がある。政府と企業，そして市場の選択は，分業の効率化をめぐる制度間の競争である。他方，社会主義経済体制は，統治者が1つの中央集権化した社会である。分業体系が変化する際に個人の選択肢はなく，閉鎖した社会であれば，ガバナンス・コストは一定のままとなる。しかし，資本主義経済との比較が可能な開放経済では，ガバナンス・コストが相対的に上昇する。それゆえ，人口の多い大きな国家を社会主義経済体制で統治するのは難しくなる。

　現実の世界は，どの国の制度も計画経済と市場経済の混在した制度を採用している。大規模化した企業組織は緻密な需要予測に基づいて計画を策定し，効率的な資源配分を行っている。他方，政府は大胆な総需要を予測し，国家のあり方について提案する。しかし，制度の硬直化は発展を阻害する。分業と協業の体系は，効率的であるとともに，イノベーションを受け入れるべき柔軟性を有していなければならない。予測できない需要を創り出す起業家を生み出す仕組みを持たねばならない。

【注】

（1） 中世の日本でも，市場経済は機能しており，京都では土倉と称する金融業者が預金を集め，貸出しにより利子を受け取る銀行業に類似した業務を行っている。物件も債権も容易に移転されており，現在の資本主義経済との本質的な差異を見出すのが難しい。桜井英治（2011）pp. ii - iii 参照。

（2） 領土問題を，企業と市場の取引コスト論の枠組みで考えてみよう。企業組織内部の取引コストが市場の取引コストよりも低コストであれば，組織は維持できる。他社に委ねる必要はなく，自社生産が選択される。しかし，他社の生産価格と自社生産価格の比較ではなく，他社がわが社の組織を吸収する可能性はある。統治者は，買収された場合に失われるものと得られるものを比較しなければならない。敵対的買収は，統治者にとって侵略的行為とみなされる。

（3） 金融資産の売買を決めると，それは金融業の仕事をしていることになる。受け取った配当金の使用方法を決めるのも家庭内の消費計画の策定であり，経営的な業務を遂行している。明日のためにパンを残せば，その瞬間に労働者はパンという在庫投資を行う資本家となる。

（4） 因果関係は単純ではない。宗教改革は，ルターの贖宥状批判に端を発するが，カトリック教会によるガバナンス構造に綻びや矛盾が蓄積していなければ，プロテスタントの分離という事態にまで発展しなかったかもしれない。

（5） しかし，価値観の形成が資本家に権力をもたらすのか，権力を保持するものが価値観を形成するのかを問う必要はある。立法府が特定の資本家と結びつけば，社会の価値観の形成に影響を及ぼすことができる。政治とカネの問題は，常に社会が監視しなければならない問題となり，その役割を担うのは司法やジャーナリストとなる。

（6） John Micklethwait and Adrian Wooldridge(2003)，邦訳書（2006）p.90参照。

（7） C.メンガー（Carl Menger）を創始者とし，その流れを汲む経済理論。均衡理論的な市場観を持たず，市場を不完全なものとみなすが，自由主義者でありケインズ的な市場介入を批判する。この学派には，ハイエク（Friedrich von Hayek）やカーズナー（Israel Meir Kirzner）など新古典派的市場観に否定的な学者や，経済発展の問題を取り上げたシュンペーター（Joseph Alois Schumpeter）なども含まれる。

第 7 章
資本主義経済における利潤の役割

1 理念型市場と利潤追求

　市場が完全に機能を果たすことができれば,5W2H問題は市場が解決する。資本家,経営者,従業員,取引先企業,そして顧客のすべては,意思決定に関して特別な判断を迫られない。市場を無機質で万能な資源配分機構に仕立て上げるには,何らかの理由があり,そこにはある種の価値観がある。

　完全競争市場は,最適な資源配分を実現するための理念型モデルである。原子論的な売り手と買い手が多数存在し,取引対象の同質性と情報の完全性,参入と退出の自由が満たされる市場である。この市場で決定する均衡価格は,すべての取引主体が満足する価格である。各主体は,均衡価格を所与として利潤最大化ないし効用最大化の行動を選択する。自由な参入と退出により,資本コストを超える（超過）利潤は消滅し,各生産要素は平均費用の収益を得る利潤ゼロの世界となる。市場の参加者は,誰かの不利益なしには利益を得ることのできないパレート最適が成立する。

　こうした理念型の市場は参入と退出の終了した世界であり,参入と退出を繰り返す現実の市場描写ではない[1]。現実の市場経済は

成長と発展，あるいは成熟と衰退を経験しており，既存の市場制度の説明にはならない。しかし，最適資源配分を実現する制度条件の発見は重要である。

　理念型市場モデルと現実の市場を比較することで，資源配分の失敗原因を探ることができる。利潤追求をインセンティブとする活動は，意図的に価格を吊り上げる独占企業や寡占企業などへ資源をミスリードする。一方，利潤が見込まれない活動には，社会に必須な生産活動でも資源が配分されない。

　各国政府は，理念型市場を意識しつつ市場のルールを制定してきた。1円1票の市場秩序は，1人1票の政府により作られてきたのである。そこには一定の価値観に基づく政治の意思決定がある。

　完全競争の理念型市場は，最適資源配分を可能にする「あるべき市場」の姿を示すが，競争のプロセスには関心を持たない。「あるべき市場」であり，「現実の市場」を描写していないためである。市場参加者は完全な情報を入手済みであり，情報に基づく参入・退出の完了した状況を示している。市場均衡には，事前と事後の描写はなく，利潤と損失が清算された競争の終焉した状態である。競争の結果，貧富の差が生じても，その良し悪しに関する価値判断は行わない。

　競争プロセスを論じない理念型市場モデルでは，企業活動の因果関係が等閑視される。私的利潤の追求によって社会的富が増大するという因果関係は，市場機能を強調するレトリックである。確かに，私有財産制度は，自己責任により財産を守らねばならず，利潤追求をインセンティブとして生産が行われている。しかし，個々の企業が利潤を追求しても，利潤を実現するとは限らない。均衡価格の成立までは，淘汰される企業と超過利潤を獲得する企業の双方が存在

している。

　私的利潤の実現は，社会的な富の増加に貢献した結果であり，私的利潤の追求が社会的富を増大させるのではない。網の目のような分業構造ではあるが，参入した仕事が最終的な消費に役立つときに，消費者を終点とする取引の連鎖が生まれる。

　利潤追求は，市場を形成し，分業を進展するためのインセンティブである。したがって，高度な分業体系が完成している状態では，利潤を追求する意味がない。完全競争市場の前提は，利潤追求という目的の否定を意味している。

　市場の形成過程に目を向けると，情報の不確実性が視野に入る。各自は専門分野に特化し，特殊な情報と知識が各自の役割を正当化する。高度化した分業社会は，各専門分野の知識を相互に理解することができず，それゆえ，社会全体の5W2Hに関する情報を正しく認識できない。市場の参加者は，各自が入手可能で理解可能な取引情報に関心を持つ。それは，自社を中心としたインプットとアウトプットの価格情報である。

　私的利潤の追求は，限られた情報収集と解析能力を前提に，分権化した市場機能を強調する。部分情報しか入手していないため，参入と退出の競争プロセスでは過誤が生じ，これが利潤や損失の源泉となる。インプットとアウトプットの部分情報に基づき活動する企業にとって，利潤・損失は偶然の摩擦的な事象である。それゆえ，企業は受動的に利潤と損失を受け入れなければならない。

　完全競争市場は分業の完成状態である。この市場状態における利潤追求は，生産量の増加が富の増加に結びつかない。消費者の欲望は無限であるが，特定の財・サービスが増加しても，限界効用は逓減する。過剰生産は消費者の効用を高めることなく，価格低下と資

源の浪費につながるだけである。マネジメント的リーダーによる経営管理が要請される。

2　起業家的な活動と利潤

　情報が完全で，参入と退出が完了した世界は，NPVがゼロである。投資による組織の拡大や起業は，市場の収益率を低下させ，既存企業と新規企業の収益率を低下させる。起業家コストは低下するが，投資の収益機会は起業家コスト（ここでは資本コストに一致すると仮定）に等しいため，NPVはゼロのままである。オーストリア学派を代表するⅠ．カーズナーは，市場の不均衡を発見する起業家に着目したが，競争が終焉している世界に起業家に存在しない。

　起業家的な市場観は，5W2Hを認識する起業家的活動と利潤・損失を結びつける。利潤を得る企業と損失を被る企業の違いは，分業と協業の体系における自社の役割を認識していたか否かである。完全競争市場における受動的な企業活動から，起業家による能動的活動に視点を移すと，利潤の役割が見えてくる。

　競争プロセスを無視すれば，因果関係の逆転を覆い隠すが，現実の分業構造は常に変化している。既存の生産活動に資源を投入するのではなく，現在の期待を超える新たな生産活動を発見しなければならない。その結果，分業体系の変化が利潤を実現させ，社会を発展に導く。新たな財・サービスや新市場の発見，生産方法や販売方法の考案が期待を上回る成果をもたらす。

　コスト削減を目的として，労働時間の増加による平均コストの低下を意図しても利潤は増加しない。過酷な労働により，賃金の上昇を招くか，優秀な労働者を雇用できなくなる。しかし，5W2Hの見

直しによるコスト削減は，利潤の源泉になる。T型フォードの生産システムやトヨタのカンバン方式，経営組織の刷新，割賦販売やフランチャイズシステムの導入，通販やネット販売など，新たな分業と協業を形成する起業家の活動は，利潤を創出する。起業家精神は，既存のインプットとアウトプットの情報ではなく，社会の分業と協業の体系の中の潜在的情報を発見する活動である。

　新しい欲望を生み出す社会の変化は，社会の富を増加させる。変化する社会の中で，分業の体系を俯瞰し，みずからの役割を問い，新たな役割を発見することが企業に求められる。それは自社の事業領域を検討し，その変更を視野に入れた戦略の策定である。新たな事業領域や新たな役割が期待を超える成果を実現すれば，利潤となる。これはイノベーションをもたらす起業家的リーダーの役割である。利潤追求が社会の富を増やすのではなく，社会の富を増やす活動が利潤を増やすのである。

　価格シグナルによる参入と退出というよりは，参入と退出の結果が価格を決める。起業家的リーダーが参入を決め，価格シグナルに受動的に従った企業が撤退を余儀なくされる。資本家は，社会の富を創出する起業家的意思決定に投資することで，利潤を享受するのである。

　個々の企業が社会全体の富を考えることで私的利潤を実現する社会，それが資本主義である。個々の事業領域を越えて，社会のあり方を俯瞰できなければ，利潤を享受できない。確かに，起業家の成功には偶然の要素がある。しかし，偶然か否かは別にして，分業社会におけるみずからの役割を発見することが重要である。

　株式市場では，不特定多数の資本家が経済社会全体を俯瞰した取引を行う。株式市場は希少な資源を配分する市場であり，社会にお

ける役割が評価される。企業が社会全体の富最大化に貢献できなければ，株主の私的利潤は享受できない。企業が社会を豊かにすることなく，私的利潤を増大させるとなれば，これは搾取や詐欺的な行為であり，何らかの不正義がある。誰かの富が犠牲となり，不正義に富が流れる。

　私的利潤の追求が社会的な富を増大させるかのような説明は，資本家や経営者の不正義を助長し，市場万能主義的な思想に結びつくことになる。市場の全体像を把握できる完全な情報がないために，利潤と損失が存在する。利潤を得るには，競争を始める前に参入する必要がある。損失は社会的資源の浪費であり，不必要な活動に参加した結果である。

3　模倣による利潤の消滅

　交換ルールの正当性が成立するときには，利潤を創出した市場は成熟し，参入や退出の終焉した利潤ゼロの市場となる。参入者は，法律を遵守し，業界内のルールに従って生産活動を行う。法律の整備は参入規制とみなされるが，見方を変えると，参入方法のマニュアルにもなる。

　ルールは取引をする上で欠かせない。所有権の移転に時間を要したり，売買内容に不明瞭な点や不満が生じれば，交換当事者の一方の財産が減価もしくは消失することになる。正義に悖る不当な交換は，売買取引を委縮させ，結果として分業による社会発展が滞ることになる。それゆえ，市場の正義やルールの形成は，資本主義社会の発展に必要不可欠な条件となる。

　個人は，企業や家計に分類され，労働者や資本家，地主，消費者

という多様な属性を同時に持つ。市場は人間の意思を反映する企業や家計で構成されるため，個々人の意思決定に正義やルールが反映されねばならない。

多面的な個人のフェアな取引を保障すれば，取引コストは削減され，市場取引が活発化する。法治国家とは，市場による財産の交換取引を法律によって円滑に行わせる国家である。市場のルールの策定は，企業や家計に分類される個々人のガバナンスであり，それが資本主義社会の要諦となる。市場という制度は国家間で相違し，国家の経済成長や発展に差をもたらす。

市場を規制するルールは，安易な参入者を排除する。一見すると自由な競争を阻害するような規制も，市場の発展に必要なものが多い。政府による規制は，分権的な自主規制による市場の失敗を補正するものである。業界による自主規制は，競争制限的な側面を持つ一方で，業界の維持に不可欠なルールを形成している。

ルールを遵守する企業の参入は，利潤を消滅させるプロセスである。参入により限界利潤が逓減し，これがゼロになるときに先行者の利潤最大化と社会の富最大化が実現する。しかし，それは，所得格差の最大化地点でもある。

参入企業は，参入する事業に生産要素を投入しなければならない。経営資源でとらえ直せば，人，モノ，カネ，情報である。高度な分業経済は，知識と技術の特化した社会である。利潤追求は，知識と技術に長けた分野に参入しなければならない。参入希望の分野ではなく，比較優位を持つ領域の探索である。

われわれは，100円の商品でさえ，その完成までのプロセスを説明することができない。ボールペンは，インクやプラスチック，鉄などの原材料から構成される。インクの原材料や製造の知識・技術

を有している人は，その分野の専門家である。製鉄会社に勤める人も，鉄鉱石を採掘する鉱山の現場の作業方法を熟知する人は少ない。プラスチックは石油製品である。石油からプラスチックに加工されるまでに，多くの知識と技術が利用される。各事業領域で働くということは，専門に特化した知識と技術を有していることを意味する。原材料の仕入れ方，生産方法や生産現場の安全確保，販売方法など，各種の規制や経営管理に関する知識も含まれる。

　利潤の追求は，こうした知識や技術を習得していくプロセスである。模倣する参入企業は，その分野の一番の知識と技術を模倣しようとする。一番の知識と技術が普及していく過程で，二番以下の知識や技術が失われていく。一番の知識と技術が参入するための準備であり，各自の知的財産を形成する。知識や技術の習得は，模倣する場合でさえ時間がかかる。マーシャルの準レントである。容易に模倣できない知識や技術を持つことができれば，先行した企業は利潤を確保でき，財産は毀損しにくい。

　人間は，近視眼的な意思決定や行動を選択しがちである。遠い将来の所得よりも目の前の所得を最大化したくなる。情報が不完全であれば，その誘惑は強くなる。正当な権利で知識や技術を習得することが困難であると，不当な手段で競争をしようとする。多くの企業の不祥事は，目の前の所得を得ることで将来の所得を失っている。それは，本来の利潤追求の姿勢ではない。知識や技術の習得に時間が必要であれば，安直に利潤を稼ぐことはできない。

　資本家の利潤は，現在の所得と将来の所得の合計であり，将来所得は資本還元された資産価値に反映する。現在の所得を高めることができても，将来所得を犠牲にすることになれば資本家の富は失われる。市場を欺く知識や技術は将来の所得につながらない。将来に

役立つ知識や技術の蓄積が物的な資産と結合することで,将来の暮らしを豊かにする。将来の社会デザインが利潤を実現する。

私有財産を守るには,市場のルールを遵守しなければならない。偽りの知識や技術が蔓延すれば,正しい知識や技術が駆逐され,市場の取引コストは増大する。みずからの知識や技術の優位性を理解し,他人(顧客)に貢献することで私有財産が維持できることを自覚しなければならない。

資本主義社会の市場とは,何もない宇宙空間のような場ではない。網の目のような分業と協業を支えるために,網の目のような法とルールがあり,網の結び目には知識と技術の蓄積がある。

4 競争と不安定性

生産活動には時間がかかるため,企業組織は,消費に先立つ生産の準備をしなければならない。この時間的な隔たりが資本家を要請する。

資本家は,事前に生産手段を準備し,他人の消費を予定して生産活動を行う。生産と消費の時間的な乖離は,予測に基づく計画的生産となり,両者の一致は偶然にすぎない。その結果,多かれ少なかれ,需給のギャップが生まれ,品不足や過剰在庫が景気を変動させる。

供給不足は利潤の源泉であるが,準備不足は利潤機会の逸失を意味する。一方で,過剰生産による「意図せぬ在庫」の増加は,不必要な準備活動による希少資源の浪費を意味する。供給過剰は,費用が収益を上回り,みずからの財産を棄損する。

部分的な価格情報に基づく利潤追求者は,一斉に同じ方向を向く。

価格が高いと供給を増やそうとし，価格が安いと供給を減らそうとする。生産者は，顧客の欲する質と量を予測し，需給の均衡を図らねばならない。しかし，価格情報からは需給を均衡させる時間を知ることはできない。現在の市場価格が高いとき，新規参入や既存企業は，財やサービスの増産準備を行う。原材料が調達され，製造業の操業度が上昇する。労働者が雇用され，土地を購入し，工場建設や機械設備の購入を行う。景気は上昇するが，過剰生産の序章に過ぎない。

資本家間の競争は苛烈になる。生産手段の質や規模は労働生産性に影響を与える。高い生産性は，低い労働コストの裏返しである。利潤を増殖させるためには，相対的にコストを下げねばならない。資本家は新たな機械や工場，店舗などに投資することで競争に勝ち残ろうとする。利潤追求が過剰投資の原因ともなるのである。

生産を開始すると，「意図せざる在庫」の増大が顕在化し，労働者の雇用調整が必要になる[2]。同じ方向を向いた雇用調整により，多くの労働者が一斉に職を失うと，家計の消費は低迷し，景気はさらに悪化する。個々の企業にとって正しい雇用調整が，社会全体の総売上を縮小させ，利子や元本の返済を滞らせる。企業の倒産や銀行の破綻，そして再び失業者が増加するという悪循環に陥る。生き残った者は，敗者の市場を奪うことになる。この勝敗は人間の営みの中で行われており，ガバナンス・コストは顕著な反応を示すことになる。

利潤追求を原因とする景気循環は，敗者を撤退させる代わりに勝者の組織規模を拡大させる。ゲームの勝者はシード権を持ち，次のゲームに有利な条件で臨むことができる。この繰り返しゲームでは，初期の勝敗の差が大企業と中小企業，富める者と貧しい者との格差

となって現れ，その差を拡げることになる。

　利潤を追求する者は，市場価格を資源配分のシグナルとする。しかし，シグナルとすべき市場価格は，現在の価格ではなく生産活動を開始した後の将来価格である。5W2Hの検討なしに，価格情報のみで利潤を享受できるとすれば，企業の成長は保証される。現実には，価格情報に依存した近視眼的な活動が，摩擦的で一時的な利潤・損失とそのボラティリティの原因となっている。

　市場が成熟し，価格が安定した需給均衡状態を想定しよう。この状態における利潤追求も，社会を不安定にする。成熟した市場ゆえ，設備投資や労働者の雇用は増加しない。消費財も資本財も，その生産能力が十分であるため，貯蓄は増加するが投資需要は生まれない。企業は限られたパイの争奪に経営資源を活用することになる。

　社会の総売上高が増加しないまま，営業や広告宣伝などの人材を増やし，企業の利益率を低下させていく。利潤を確保する選択肢は，コスト削減以外にない。経営管理や生産管理の技術が高度化し，単純労働は低価格化した機械との競争となる。資本家は，みずからの財産価値を増殖するために高い能力を有する経営者を高給で雇い，単純な労働力を低賃金で雇用する。企業に貢献する知識や技術が雇用条件となり，そのわずかな差が労働者の所得格差を拡大させる。

　将来に向けた準備は十分であるため，新たな貯蓄資金は新規の生産設備には投資されずに，既存資産に投入される。既存企業の株価や不動産の価格が上昇し，各資産の投資利益率を低下させる。古い資産の所有者が富み，新たな資産の所有者の分け前は小さくなる。この過程で，金融機関と不動産に従事する労働者が増加する。

　過剰生産を抑制できても，株や不動産価格の上昇はバブルを形成する。生産活動を担う企業の所得は増加しないため，実質賃金は低

下する。一方，株価や不動産価格の上昇により，投資家の所得増加と，金融機関や不動産業に従事する者の所得を増加させる。財・サービスの生産額を所与とすれば，金融機関や不動産に勤務する人の所得増加は，それ以外の所得を減らすことになる。

　利潤を追求する資本の参入は，生産活動から非生産活動に移る。生産活動に投下されない資金が，労働力を含めた生産要素価格のボラティリティを高め，不安定な社会構造となる。この不安定性は，ガバナンス・コストの上昇となり，政府や中央銀行の介入が増加することになる。

　市場の成熟は物質的な「豊かさ」をもたらすが，収益率が低下した状態での利潤追求は，バブルや所得格差の原因となる。この状態を打開するのは，起業家的活動に基づく利潤の割出である。しかし，起業家的な活動は，経済を発展させる代わりに，大きな不安定をもたらす。既存の分業と協業の体系を破壊することで生み出される利潤は，その副作用も大きい。

　生産手段の質が問われ，技術革新が必要になる。次々と新たな技術が開発され，これを活用することで生産コストの引き下げが可能となる。技術革新は，労働者の能力にも関わる。新たな技術は新たな能力なしには使用できない。知識や技術の陳腐化が進み，新たな知識と技術に対応できない労働者が職を失う。それは，景気循環における量的調整とは異なる質的調整による失業である。

　資本主義社会における利潤追求は，資本の量的拡大と質の変化をもたらし，その変化のスピードを速くする。その結果，景気循環や失業，所得格差などの矛盾が蓄積し，社会の統治を困難にさせる。収益率の低下による起業家コストの低下で，新たな企業や事業が誕生する。ベンチャー企業の上場などにより，一見すると社会は発展

しているように映る。しかし，失業の増加や所得格差の拡大などにより，ガバナンス・コストが高まり，既存制度の維持が難しくなっているのも事実である。

　個々の企業が利潤を実現できても，社会の富を高めることができなければ，それは利潤ではない。他者の犠牲の上で所得を得るとすれば，それは利潤概念と矛盾する。

5　「見えざる手」と「見える手」

　顧客の望むモノとは何か。最終的な顧客である消費者は，豊かな生活を享受しようとする。消費生活の「豊かさ」は，数量化可能な物質的評価基準で測定されるものだけではない。経験や知識の賜物でもある。経済的な成長とともに，生きるための消費は満たされ，楽しむための消費が増加してきた。衣食住は，最低の生活をするための財・サービスから，精神的な「豊かさ」を考えられるようになった。衣類はファッション性やブランドが重視され，食は文化となり，住まいは生活を楽しむための時間を消費する空間となった。人々の経験や知識が，消費を創り出しているのである。

　こうした消費欲求は多様であり，市場価格のみから判断できるものではない。生産者の需要予測は，小売りのみならず，企業間の取引であっても，最終的には消費者の需要に関わっている。レコード盤がCDに代わり，今や音楽はダウンロードする時代になった。音楽に関わるさまざまな企業は，取引相手を変化させ，新たなビジネスと廃業を生む。フイルムを使うカメラが無くなり，デジタル・カメラの時代となり，カメラ機器の部品やフイルム・メーカーの事業領域を一変させた。ガソリンエンジンの自動車が電気自動車や燃料

電池車に変化すれば，同じように部品や原材料の取引が変化し，技術者の入れ替えが起こる。自動運転になれば運転免許が不要になり，自動車教習所がなくなる。自動車保険も運転者ではなく，自動車会社の負担に代わる。運転を楽しみたいという人は少数派となり，これまで以上に高い教習料金と自動車保険料を負担しなければならなくなる。

　新たな技術は，労働と資本の結合方法を変える。一般的には，技術革新によって，熟練の職人技を必要とした生産が，不熟練の単純労働で可能になる。この生産方法の変化は，財・サービスの量的・質的な変化を生み，これまでの価値体系に変化を及ぼす。

　例えば，T型フォードは，大規模な生産設備を準備して，フォード生産方式のもとに自動車の価格低下をもたらした。その結果，自動車の普及のみならず，大幅な物流コストの削減と，さまざまな財・サービスの価格低下に導いた。家電製品の普及は，家事労働の大幅な軽減に導き，女性の社会進出を可能にした。技術革新が必需品価格を押し下げると，奢侈品や個性を重視した財・サービスに資源を振り分けることが可能となる。

　分業と協業の体系は，新たな製品やサービスの誕生，生産や販売に関する新技術の登場で変化する。その調整が「見えざる手」により可能であれば，分業と協業の体系をまとめることは難しくない。しかしながら，自動車の排ガスによる大気汚染が問題になっても，私有財産との直接的な関係が問われなければ解決策を講じることはできない。法律による排気ガス規制により，問題解決のための分業と協業の仕組みを作らせる。化石燃料の希少性が問われ，ガソリン価格が多少高くなっても，ガソリンエンジンの生産は続く。税制によりガソリンの節約を促す自動車づくりや電気自動車あるいは燃料

電池車の開発を推し進めるための補助金の支給，充電スタンドや水素ステーションの設置，充電用のプラグや電圧，電流，安全面の統一規格などにより，分業と協業の体系に人為的な方向付けをしなければならない。

　技術的な制約が解決されても，資本や労働には制約がある。大量輸送の需要があり，鉄道技術が発達しても，資本に制約があれば鉄道事業を興すことは難しい。株式会社という資本調達の制度設計が，分業と協業の体系を変化させる。自立した個人企業から組織化した企業となり，分業と協業の体系は，市場と組織の取引によって説明されるようになる。組織化した生産は，需要予測の精度を高め，市場の価格メカニズムを補完するようになる。無秩序な「見えざる手」から，経営者による「見える手」が必要とされる時代になる。これはコースの取引コスト論である。

　分業と協業の体系の変化は，必要とされる労働者の知識や経験，技術などに変化を生じさせ，労働需給の不均衡を生じる。すなわち，失業問題と新たなニーズに適する人材育成の問題である。この不均衡は，小さな一時的不均衡もあるが，影響力のあるイノベーションが大きな長期的不均衡を生む可能性を持つ。技術進歩のスピードに応じて分業と協業の調整を行わねばならないが，人間の学習時間や教育の制度変更，関連する産業分野の人材育成にかかる時間などが，スムーズな調整を滞らせ，最適な資源配分を阻害している。文部科学省が，専門教育として必要な領域を取り上げ，新しいカリキュラムや大学，専門学校などを設置することになる。

　市場の調整機能は，時間にわたる不均衡問題を簡単には解決してくれない。技術進歩が速ければ速いほど，労働需給の調整は遅れ，貧富の差は拡大し，社会が混乱する。リーダーによる人為的な対策

を講じなければ，分業と協業の体系は維持できなくなる。

　加えて，道路や上下水道，電気，ガス，空港やダム，公園，警察，消防，防衛など，市場が機能しない分野がある。社会のインフラ事業などの管理・運営，あるいは修繕工事などを民営会社が担うとしても，道路や上下水道そのものを民間所有にすれば，独占の弊害が生じる。国防や宇宙開発，外交，裁判所を民間に託すには多くの問題がある。私有財産とみなすべきものと社会的な共有財産とみなすべきものがある。それは，私的利潤や私的損失とみなすべきものと，社会的な便益や社会的損失とみなすべきものを区別する。需要と供給による価格メカニズムに委ねられない資源配分は，「見えざる手」ではなく，統治者による「見える手」が必要になる。

　資本主義社会は，資本家による利潤追求が，社会の欲する財やサービスを効率的に生産する仕組みを実現し，分業と協業の体系を変化させる。しかし，資本家が，社会の必要とするモノを見つけ，その問題解決に資するという思考回路は単純ではない。市場に任せればすべてがうまくゆくというのは，市場機能を強調するためのレトリックである。

　市場は，社会の欲するすべてのモノを網羅できない。貧富の差がある社会では，低所得の人は市場の投票機会が制限されている。最低限の必需品を購入できない人々がいる一方で，高額な奢侈品を購入する所得階層が存在する。1人1票ではなく，支払う金額により市場は資源の流れを変更する。人間とは何か，人間の「あるべき姿」や人間の価値について，市場は答えを持たない。市場は万能ではないのである。

　衣食住のみならず，防衛，警察，消防，治水などの国土の保全，道路や港，教育，医療，介護，その他，スポーツや娯楽，芸能など，

あらゆる生活を設計し，これを実現しなければならない。風俗産業に対する規制やパチンコなどの娯楽，競馬や競輪，競艇，それにカジノなどの産業と違法賭博の問題，これらの解釈は市場に委ねるのか，市場以外の組織に委ねるのか。

身分制度による意思決定と同様に，貧富の差による意思決定は，社会構成員の「豊かさ」にいかなる影響を及ぼしているのか。資本主義経済においてリーダーシップを発揮し，目標に向かって社会の構成員をまとめる仕組みはどうあるべきか。我々の社会では，企業という組織とその集合体としての市場，そして政府という組織が分業と協業を調整している。国家の予算審議は，まさにこの調整問題の1つの断面である。

これは経済学の問題であると同時に，政治学の問題であり，それゆえ，政治経済学の問題である。1円1票の市場機構と1人1票の選挙制度による政治機構は，いずれも資源配分問題を解くための制度設計に関係しているのである。

6 リスク負担構造の相違

社会主義経済は，個々人が消費計画を把握して，その投資計画の費用を負担する制度を設計している。消費者個々人が将来消費を負担するという意味で，消費と投資の分業は成立していない。他方，資本主義経済は，投資家と消費者を別人格とみなし，現在の消費は消費者個人が費用を負担するが，将来の消費に関しては投資家が費用を負担する社会である。資本主義経済は，消費主体と投資主体が分離しているのである。

ところで，起業家による「豊かさ」の設計はリスクが大きい。新

たな秩序の設計は，予想された「豊かさ」と現実に乖離を生じる。不確実性下ではPDCAの修正が必ず生じるのである。このとき，計画を上回る成果を享受する者と計画を下回る場合の損失負担者が存在する。それゆえ，期待値と実現値の乖離に対する責任主体を定義し，その責任の取り方を決めねばならない。この問題は，リターンの帰属先とリスクの負担構造を意味する。

　資本主義経済は，私的所有に基づきリターンの受取りに関する契約関係が成立する。事前の期待成果は，実現段階において分配されるが，契約時の期待値と実現時の値には乖離が生じる。実現段階の成果配分を事前に契約することで，リスクの負担構造が決まる。確実なリターンであればリスクはゼロである。契約者は，同一の期待リターンであれば，より確実なリターンの契約を選好し，私的財産を投入する。その結果，投資利益率は，確実性が高い投資ほど低くなる。

　資源の所有者は，そのサービスの提供に関して安定した所得を期待する。労働者は，労働力の提供に際して安定した賃金契約を望む。リスク回避型の労働者が多ければ，成果主義の報酬が高くても安定した低所得の契約を評価する。リスク回避の労働契約は，短期よりは長期の契約が好まれる。優秀な労働者が，低所得でも長期の安定した雇用を望むとすれば，企業は長期間にわたり，低コストの固定費を負担することになる。長期は環境が変化する。収入の予測が困難な時，この固定費は最終的なリスク負担者が背負わねばならない。

　このリスクを負担する契約者がいなければ，生産活動は実施されない。確実な投資というものは理念型モデルでしか存在しない。現実の世界では，リスクを負担する者が必要なのである。成果が確実

でない以上，利潤・損失が生じる。1つの計画に対して，より確実なリターンを要求する契約者は，成果を優先的に配分される人々である。優先者への配分割合が大きければ大きいほど，残された成果部分の利益と損失も拡大する。この残余所得の請求権を資本主義社会では株主が有し，リスクの負担者となる。換言すれば，株主が生産活動を開始するエネルギー源となり，生産活動の結果に対する責任を負う統治者となる。

資本主義社会のすべての生産活動に，株主が責任を負うわけではない。私有財産に基づく取引のみが株主の責任範囲であり，株主の活動領域である。市場が機能しない政府の活動領域では，その計画の修正過程の結果責任は国民が負う。自己統治を原則とする限り，国民の負う責任は税金により賄われる。法に反しない限り，一部の政治家や政府高官の財産が没収されるようなことはない。

資本主義社会の統治は，リターンとリスクの構造を決定することでもある。計画段階の成果が実現されることは，社会にとって望ましい。社会は低リスクと高リターンの仕組みを探求し，その制度を設計してきた。株式会社や株式市場は，相対的に高いリターンの実現と低いリスクを実現するための制度設計である。国の財政問題も，金融資本市場の分散投資の対象となり，リスクとリターンを不特定多数の投資家が評価することになる。

他方，社会主義経済は，生産手段を社会が所有する。財産を社会が管理すれば，リスクも社会が負担する。リスクを最小化するには，単純な消費と生産の組み合わせを選択する必要がある。人々の多様な嗜好は排除され，画一化した消費モデルと生産計画でリスクを抑え込むことになる。当然，リスクを抑えると社会が得ることのできる「豊かさ」も小さくなる。

資本主義社会と社会主義社会のガバナンス・コストは，リターンとリスクの関係で秤にかけることになる。リスクが高くリターンも大きな社会とリスクもリターンも低い社会の比較である。

【注】
（1）　人々の生活に変化がなく，毎年同じ生産活動と消費活動が繰り返されるような循環的な社会は，（超過）利潤ゼロの理念型世界に近似する。売上はすべて費用となり，資源供給者の所得として配分される。生産手段を一定に保ち，所得を維持するため，減価償却費に該当する消費財が生産手段を維持する活動に充当される。消費財の分配に変化が生じなければ，現状の生産活動が維持され，毎年同じ所得を稼得する単純再生産の循環的な社会となる。

　しかし，Schumpeter, J.A.(1926)が「発展」と対比した拡大再生産の社会も利潤はゼロである。小売店が連続的に成長して規模を拡大しても，資本コストを上回る所得を得なければ（超過）利潤を得ることはない。

（2）　労働者を自立した個人とみなす理念型市場モデルでは，失業は自発的失業として容認される。賃金が伸縮的であれば，売上収入の減少は賃金低下によって相殺され，資本家の所得を守ることになる。この意味で，労働市場の競争原理は，利潤追求と整合的である。現実の労働市場は，ケインズの「非自発的失業」により説明されるように，自由な価格調整機能を有していない。それでも，労働の需給は資本家の利潤追求行為によって左右される。活発な投資活動は労働需要を増加させ，投資の停滞は失業を生む。労働のみならず，土地の需給も同様である。土地の価格は，資本家の生産需要によって決定する。資源をめぐる競争が国家間の紛争になるのも資本家による利潤最大化の要請による。

第 8 章
企業組織とガバナンス

1　原子論的な企業の概念

　社会は分業と協業の体系である。この体系を運営する構造の設計が「豊かさ」を決定する。人々に必要な財・サービスを生産するために，第一次産業，第二次産業，そして第三次産業などの分業と協業の体系が構築される。分業と協業の設計に失敗すれば，その社会を統治することは困難になる。社会全体の「豊かさ」の水準が低下するだけでなく，貧富の差や精神的なストレスなどによりガバナンス・コストが上昇する。

　「豊かさ」は，家計の効用を測定することにつながる。企業と家計は，生産と消費の経済主体である。分業経済における企業と家計の区別は明瞭であるが，自給自足経済でも企業と家計の概念は意味を持つ。企業は，生産に従事する活動主体であり，家計は消費の活動主体である。生産物（＝所得）は，生産活動の報酬（賃金，地代，利子等）に応じて家計に分配され消費される。

　この概念上の区別は，家庭と家計の区別を明瞭にする。家事労働は，消費活動ではなく生産活動であり，家庭内企業として定義される。材料を調達して，食事をつくり，消費する。掃除・洗濯も生産

活動であり，衣食住のすべてを純粋に消費活動に限定することは難しい。これを企業活動とみなせば，衣服のクリーニング，ハウスクリーニング，外食や食事のデリバリー，育児，教育，介護など，外注できる部分は企業化が可能である。

家事労働は，生産と消費が同一主体である。したがって，このウエイトが高い社会は分業が未発達な状態にある。すでに述べたように，家事労働の企業化が市場の発展であった。企業と市場を代替的・補完的な関係でとらえるように，家庭と市場を代替的な関係でとらえることが可能である。コースの理論における市場は，企業の生産物や生産要素を交換する取引の場ではなく，自社内生産か，他社生産かの選択基準としてとらえられた。同じように，家庭内の企業活動が増えるのは，家庭内企業活動が家庭外企業（＝市場）の生産活動よりも効率的である場合である。

企業と家計が同一の合理的人格であるとすれば，情報の非対称性を問題にすることもなく，需給ギャップは生じない。みずからの効用に応じて順次生産活動が行われ，貯蓄が可能になれば現在財と将来財の交換比率も自己完結的である。みずからの貯蓄をみずからが投資活動に使用するため，主観的な将来効用の高い順に現在の活動が選択される。希少な資源の配分は，自給自足経済では問題になりえない。取引コストやエージェンシー・コストなどのコストも発生しないが，分業の利益を享受できない。生産と消費の統治者にとって，選択の機会は限られている。

分業により生産者と消費者が人格的に分離したことで，企業と家計の概念が必要となる。生産者はみずからの消費には直接関わらない生産に従事し，他人の生産した財やサービスを消費する。

生産者と消費者の分離は，生産物の質を高め，その量を増加させ

たが，副産物として需給ギャップというデメリットをもたらした。この生産物の需要と供給にギャップが存在しなければ，需要と供給という概念は不必要であり，企業と家計の区別も生まれなかった。企業が家計に消費財を供給し，家計は企業に生産要素を供給するという思考の枠組みが，財・サービス市場と生産要素市場という分類を必要とした。これも，企業と家計という概念の成立から生まれた市場概念である。

　企業という概念に含まれた多種多様な生産活動は，生産活動に従事する人々の取引を通じて最終的には消費者にたどり着く。家計が望む財・サービスを生産するために，生産活動は効率的な仕組みを模索しながら分業体系を作り上げていく。

　分業体系は，5W2Hを設計し，PDCAサイクルを統治する者の判断に委ねられている。資本主義経済では，個々の生産目的は，最終的には家計の効用最大化に結びつかねばならないが，分業体系は膨大であり，原料の調達から最終的な消費財の販売までのプロセスは，複雑なネットワークにより結合している。生産活動の中には，生産物の帰属が不明瞭となるものがある。市場の失敗と称される財やサービスである。これらは政府（特殊な企業概念）という活動単位で括られる。利潤が私有財産となる営利企業の活動と利潤の帰属先が不明な非営利企業の活動が存在する。

　このネットワークは調達－生産－提供の連鎖であり，その分業の単位を細分化していくと個人の仕事にまで細分化できる。1人の自然人を生産単位とした企業概念である。そして，この単位を人間の1動作まで細分化すると，人格が捨象された機能単位の企業概念となる。瞬間的な仕事の動作を企業として位置づけるため，生産活動の時間は無視される。生産時間が存在しないため，ストックの概念

はなく，それゆえ貸借対照表が存在しない。それは，静学的な均衡市場理論で仮定される大きさのない企業概念であり，物理学の質点や原子を類推させる企業概念となる。

時間概念が成立しない原子論的な企業単位では，生産活動に意思がなく，意思を伝達する仕組みもない。企業は，市場価格に受動的に従う合理的経済人である。将来消費という生産の意思は意味を持たず，生産と消費に時間的な隔たりがない。企業が稼得した所得のすべてが，瞬時に生産に関与した人々の所得となり消費される。それゆえ，リスクという概念も必要ない。

このような企業概念が必要となるのは，市場の資源配分機能を説明するためであり，企業自体の説明を目的としていない。市場は私的所有権に基づく財やサービスの交換の「場」であり，交換比率である価格決定の機能に着目するのである。最適な資源配分を実現する実験的な「場」を想定するため，市場の取引は摩擦なく瞬時に清算される条件が設定された。企業はインプットをアウトプットに変換する大きさを持たない単位と仮定される。この企業概念において，企業は組織ではなく，組織内取引はブラックボックスのように認識されていた。

こうした理念型モデルは，効率的資源配分の条件を説明するが，現実の制度を論じる枠組みではない。実際，あらゆる組織は，摩擦要因の集合体であり，不完全モデルである。人々の活動は時間的に制約されており，1人の人格の中に多数の機能が備わっている。その職能を個々に分離して利用することはできない。

資本主義社会の特徴が，労働力の商品化にあるとすれば，資本主義的企業の特徴は，労働者を雇用する組織化された企業となる。アダム・スミスが観察したピン工場のような単純な生産でも，人格の

異なる労働者が雇用され，針金を伸ばす機能，切断する機能，研磨する機能等，分化した諸機能を統合している。この統合は，特定の生産目的に労働者を統治しているのである。

　資本主義的企業は，異なる人格のいくつかの機能を１つに束ねる。同一の機能を有する企業がその機能の量的な拡大を図れば，水平的な規模の拡大である。同質のピン工場が２倍になるときに，利益が２倍以上になれば組織拡大の誘因が働く。生産に関する技術上の問題に変化がなければ，利益を増やす要因は，収益の増加か費用の減少である。広告宣伝効果は売上高を逓増させる可能性がある。資本調達や従業員を雇用する諸費用，原材料や部品の購入経費や営業費用など，そうした間接経費が２倍にならなければ，規模の経済性が働く。

　生産のみに特化した組織が販売を手掛けることは多機能化である。あるいは，経理を外注していた企業がこれを内部で行えば多機能化することになる。もちろん，事業の種類が異なる経営多角化も含まれる。いずれにしても，多機能化は，組織の規模を拡大させることにつながる。同一事業内の多機能化は垂直的な規模の拡大である。

　企業活動の購買－生産－販売プロセスを購買会社，生産会社，販売会社の３社で担うこともできるし，すべてを１社で統合することも可能である。購買会社は，必要な原材料や部品を調達し，生産会社に販売する。生産会社は，生産した財を卸や小売りなどの販売を専門とする会社に売却する。３社は，それぞれに購買部門と販売部門を持ち，さらに人事，経理，営業，広告宣伝などの機能を持たねばならない。統合した１社は，この機能が節約できる。３社の利益合計よりも１社の利益合計の方が多くなれば，規模の経済性を実現したことになる。もちろん，購買会社が他社の購買会社よりも劣っている場合は統合しない。購買は市場から調達する方が効率的である。

統治者が、こうした収益と費用の評価を受け入れるとすれば、企業は組織化することになる。資本主義的企業は、組織化した企業としてとらえねばならず、組織化は企業の統治を必要とする。

2 資本結合と企業概念

完全競争市場における企業は、共通の性質を有するミクロ単位の資本の運動である。ブロック遊びは、特徴のない共通のブロック（動作の断片）を組み合わせることで特徴のある構造物（目的のある活動）をつくる。原子は結合して、物質の性質を持つ分子となる。特徴のない個別の資本（動作の断片）[1]を結合することで、各企業に独自の生産構造体（生産活動の準備状態）となる。

原子論的な企業同士の取引は、市場を介した売買取引であるが、他企業との交渉や価格探索、あるいは契約などの取引に関わる仕事量さえ無視される。それは、取引コストの存在しない世界であり、コースの企業概念は成立しない。しかし、資本主義的企業は、組織の大きさと質を持ち、意思決定とその実現のための活動に一定の生産期間（活動期間）を必要とする。

一連の活動には5W2Hの目的があり、その目的を達成するための活動に時間を要する。目的には階層があり、最終的な上位の目的に到達するまで、下位の目的と手段の連鎖を構築する。自動車を生産するために、鉄やプラスチックなどの材料の加工や、さまざまな部品を生産するという分業構造ができる。目的と手段を細分化した企業活動が効率的であれば、企業は組織化せず、資本主義的企業は誕生しなかった。

企業は目的遂行に時間をかける仕事の組織であるが、目的達成ま

での時間を短縮させるために資本を結合する。したがって，資本結合は，目的達成を短縮化させるための準備資産として位置づけることができる。

営利企業も非営利企業も，目的である5W2Hの戦略を策定し，これを遂行する。いずれの企業も，準備資産がどの程度目的を達成したかをチェックしなければならない。PDCAを回すことで，利潤と損失が認識できる[2]。

PDCAは，計画の策定と，その執行，そして結果の評価と計画の見直しという循環プロセスである。計画から成果までの活動には時間を要するため，資本調達が必要になる。計画を実現するプロセスは，人間が生産活動に従事する生活時間であり，生活を支える基金が必要になる。

したがって，資本調達は，営利組織も非営利組織も，その目的を遂行する最初の仕事となる。みずからが消費するだけの生産活動（自給自足）であれば，資本はみずからの貯蓄で賄うことになる。他人が消費するための生産活動を準備するとき，他人資本の利用が正当化できる。しかし，消費予定の人格（販売先）は，資本を提供する人格（資本調達先）ではない。それゆえ，資本調達の可能性は，消費者（顧客）の効用に貢献できると評価された時である。

資本家の立場から考察すれば，みずからの私有財産は，他人の効用を満たす時に価値を有し，これを増大させるときに利潤を認識できることになる。資本主義社会における私有財産とは，他者の効用最大化に供するときに財産価値が認められるのである。

大規模な資本調達には，資本家を説得するためのPDCAの仕組み，すなわち，統治機構が必要である。他人資本を特定個人の効用最大化に利用することは認められない。社会的目的（顧客のための

生産）を遂行するための準備資産は，5W2Hを開示することで資本調達が可能になる。計画策定者と執行者，その評価者，監督者を分離することで権力を分散し，客観的な効用（利潤）を追求しなければならない。

資本家は，私有財産として企業を所有する。企業価値を高めることが私有財産の価値を高め，その集計値としての社会の富を高めることになる[3]。しかし，いずれにしても，資本家が私有財産を提供しなければ生産活動は始まらない。資本家の特徴が企業統治の構造を決めることになる。株式会社の統治機構である株主総会，取締役会，監査役会などの機関はPDCAの仕組みであるが，それは株主の特性に影響を受ける。

資本結合としての企業概念を具体的な事例で説明しておこう。ラーメン屋は，5W2Hに基づき戦略を策定し，その準備のために資本を調達する。顧客に対して満足のいくラーメンの提供が期待されるときに資本が供給される。個人がラーメン屋を開業するのであれば，自分自身が納得すればよい。しかし，家族や友人，金融機関からの借入金が必要になるとき，顧客の満足度を説明する責任がある。

ラーメンの生産活動は，小麦粉を購入し，製麺工程からスープの材料調達，スープ作り，麺を茹で器にスープを入れ，具材を載せて顧客に出す仕事，代金の受け取り，洗い場や清掃の仕事など多様な分業が行われる。この生産活動は単線ではない。麺を茹でているときに，製麺作業も進行しており，完成したラーメンが客に出される。その他，皿洗いや代金を受け取る仕事が同時に進行しており，生産活動は複線的に遂行される。

個々の作業単位を結合すると生産活動という時間単位となり，ある時点の準備状況が貸借対照表として資産計上される[4]。生産活

動の時間が短い場合，貸借対照表の準備は少なくて済む。自家製麺を作らないラーメン屋は，小麦の仕入れや製麺機は必要ない。他の企業より麺を購入してきて，茹でるだけである。そのため，麺を準備するために計上される資産は麺だけである。

他方，自家製麺にこだわるラーメン屋は，麺に加えて小麦粉や製麺機も準備しなければならない。自家製の小麦から麺をつくるとなれば，土地や肥料，トラクターを購入して小麦農家になる。スープの具材も，自家製ということになれば野菜農家や養豚業など，多くの資産を計上することになる。生産期間の長期化は，自社の生産活動を増やすこととなり，貸借対照表の資産の種類やその額が増えることになる。

しかし，逆説的に聞こえるが，資産の種類や金額の増加は，生産を短縮化する可能性がある。小麦からラーメンまでの道程は長いが，小麦と小麦粉，麺，スープ，ラーメンは，同時に生産され短時間で顧客の前に出される。

このように継続企業の資本運動は単線ではない。貨幣資本が生産資本に変換される時点で，同時に生産資本から商品資本を生産し，商品資本が販売されて貨幣資本を回収している。この同じ時点で，貨幣資本が生産資本に，生産資本が商品資本に転換している。つまり，資本の回転運動の断面を見れば，いつの時点でも貨幣資本と生産資本，商品資本が同時に存在している。貸借対照表は，資本の回転運動の断面図である（図8－1）。

各単位の資本は，異なる回転運動を行っている。精巧な機械式時計を動かす大小さまざまな歯車は，時計として組み立てられていることで価値を持つのであり，個々の歯車には価値がない。経理部と営業部，製造現場と製品企画部などの職能の違いと多様な回転運動

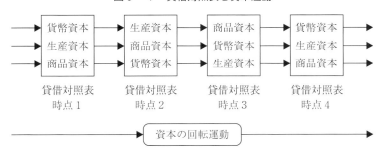

図 8 − 1　貸借対照表と資本運動

を融合することに価値を発見して組織となる。各部署を1つの組織価値に組み立てる作業は，取引コストの問題でもある。

　組織化する準備資産は，有形のものばかりではない。資産の種類が増える時，それは生産に関する知識や技術の準備も加えられねばならない。その準備のために，他人資本を調達し，ラーメン屋という準備資産として結合したのが企業という概念である。

　資本結合の規模は，準備資産の評価に依存する。小麦からラーメンまでの一貫生産は，製麺業者との競争に加えて，小麦農家や製粉業者，物流・販売業者との競争に勝ち残らねばならない。企業組織が多くの事業を抱えると，それぞれの分野における最先端の知識を取得しなければならない。各企業は，自社の事業領域における最先端の知識や技術を有しているから存在している。したがって，自社内の知識や技術の交流が市場のそれに劣位になるとき，ガバナンス・コストの上昇を招来し，資本結合が困難になる。組織内コミュニケーションと市場のコミュニケーションの比較である。経営を統治する者が資本結合に成功すれば利潤を享受し，失敗すると損失を被ることになる。

3　法人企業の財産

　生産時間の長短は取引コストの問題として論じることができるが，戦略に応じた目的達成のプロセスであり，資本結合の大きさを決めることになる。資本結合は，権限と責任に基づく人間の意思決定と活動が引き継がれている。権限と責任の範囲は，生産活動の時間を決め，その長期化は，意思決定の及ぶ範囲を広げる。それは経営者の意思であり，資源をコントロールできる範囲となって，私有財産制度に基づく財産上の権利を決める[5]。

　しかし，経営者による統治は，国家の法律に従わねばならない。法律に基づく権限と責任の決定は，財産評価に影響を及ぼす。例えば，株式会社における株主の権利が希薄化すれば，株主の財産は減少する。

　注意すべきことであるが，財産上の権利は，法人としての企業が所有する個々の物権や債権などではない。また，会計上の貸借対照表に記載される資産勘定でもない。私有財産制度における家計の持ち分であり，それは資本を提供した出資者や債権者など投資家の主張する持ち分を意味している。財産上の権利は，法人が所有する個々の資産価値を合計しても，投資家の持ち分とは直接的な関係はない[6]。企業の財産価値は，組織運営能力が競争優位を持つか否かが重要である。かつて，GMがフォードのシェアを奪ったのは，事業部制の導入という管理された分権化がオートメーションという物的な生産手段を凌駕したためである。機械という有形資産に依存する経営より，人間を管理対象とした経営が財産の価値を高めたのである[7]。

　法人は，生産活動に必要な多種多様な有形資産を所有する。しか

し，この法人が所有する財産と個々の投資家の主張する財産が一致するというのは錯覚であり，多くの理論的な混乱を招くことになる。株主を含む投資家の持ち分は，法人の所有する個々の資産ではなく，経営資源の結合により期待される将来キャッシュフローである。その権利が正当性を有するのは，生産活動に従事する人々の生存基金を供給するためであり，彼ら・彼女らの生産活動が他の生産要素と結合して所得を稼ぐためである。それは，法人が所有する個々の資産の所有権とは無関係である。現金預金やその他の有形資産の多寡は，投資家が直接支配する財産の大きさを示さない[8]。

したがって，企業という単位は，投資家が供給した生存基金とこれに基づく生産活動が稼得する将来キャッシュフローにより認識される。投資家に将来キャッシュフローをもたらすのは，生産活動に意思を与える経営者である。

経営者の選択権は投資家にあり，5W2Hの可否を決めるのは出資者である。出資者は，経営者を選任し，生存基金の提供の見返りに将来キャッシュフローの稼得を託す。経営者は出資者の代理人となるが，債権者が供給する資本も，経営者の意思決定に委ねられている。その意思決定の及ぶ範囲は，将来キャッシュフローを稼得するための組織となり，企業と市場の境界となる。

代理人である経営者の権限と責任の範囲が生産活動の大きさ，すなわち，生産設備の規模や従業員の人数を規定する。その準備に必要な基金は，将来消費を目的に拠出されるため，将来キャッシュフローの現在価値が財産として認識される。生産設備の購入は，生産設備の生産に携わった人々の基金となる。

将来キャッシュフローの請求権が私有財産を特定化し，企業と市場の境界を決める。資本の拠出を誘導し，生産活動の準備に携わる

経営資源を増加させる。コースは，この問題を組織内取引と市場取引の選択としてとらえた。市場も組織も，失敗は不可避である。資源配分の失敗は，市場と組織の機会費用で測定される。市場は，価格機構を介して資源配分を行うが，価格機構は，あらゆる財・サービスに関して部分的に失敗している。

　企業のマーケティング活動は，市場価格が財やサービスの質・量を完全に反映できないために存在意義を持つ。原材料や部品を購買する市場のみならず，資本調達や雇用などの市場も不完全である。経営資源が価格機構から経営者の管理下に置かれることで，その価値を高めるとすれば，経営者に資源を委ねることが合理的になる。

　経営者の重要な役割は，売買契約なしに経営者の意思により資源の使用量や方法などを決めることである。その契約成立が，資源の結合範囲を定め，生産活動に従事する人々の組織が認識される。経営意思決定の内容とその範囲によって資源の利用価値に差異が生じるため，規模や業種が同じであっても財産価値の評価が必要になる。金融市場の役割は，このような経営者の意思決定の範囲を確認し，その実現可能性をキャッシュフローとして評価することである。

4　取引コストと投資決定

　市場と企業の双方が，ともに原子や分子が結合する分業と協業の体系であるとみなすと，両者は相互補完的な制度とみなされ，交換の「場」もしくは交換の機関と位置づけられる。原子の結合方法の優劣は，取引コストを媒介とする市場と企業の境界線に導く。垂直的・水平的な統合と分化は，業種内外にわたる分業のあり方の選択である。分業は，購買・生産・販売・人事・労務・財務・経理，研

究開発などの各職能を細分化し,それぞれの分子の結合方法に関して機会を選択する。結合の選択は,組織の選択であり,市場と対峙することになる。

　企業が抱える人事・労務,財務・経理,営業,広告・宣伝という仕事は,生産活動そのものではない。労働力や資本の調達,商品の販売活動に関わる職能であり,いずれも市場の取引コストと関係する。人事の仕事は,必要な労働力の確保であり,財務は必要な資本調達である。労働市場や資本市場が完全競争市場であれば,そうした仕事は必要がない。顧客が,商品の質と価格を正確に判断できる場合,営業や広告の諸活動は必要ない。これらの職務が生産要素市場や財・サービス市場の利用に関わる取引コストを節約するとき,企業は組織化する。

　大企業が中小企業に比較して優位なのは,こうした取引コストを相対的に節約できるからである。不特定多数の顧客に商品を販売するため,マスコミを利用した広告や宣伝活動を行う。不特定多数の資本家から多額の資本を調達し,多数の従業員を雇用する。商品1個当たりの広告宣伝費が比較され,100万円の借入にかかるコストと10億円の借入にかかるコストや,1人と100人の従業員募集のコストが比較される。規模の経済性が,市場と組織の選択基準となる。

　大企業は,人事部や財務部,広報宣伝部,営業部などを組織化するメリットがある。これらの職能を外注化するより,組織内部に抱えるコストが相対的に低い。他方,中小企業は,これらの組織を内部に抱えるコストが相対的に高くなる。

　企業内の取引コストが市場の取引コストを下回れば,企業は取引を内部化して,組織を拡大する。組織の拡大は,統治者の権限の及ぶ範囲を拡げ,計画経済の範囲を拡大させ,多機能化させる。反対

に，市場の取引コストが相対的に低下すると，自社で生産・販売していた活動部分を他企業に委ね，権限を分散させ，組織内機能を減少させることで企業組織をスリム化する。組織を縮小することは市場化と同義である。企業と市場は，効率的な交換をめぐる競争関係として認識され，取引コスト論は自社生産と他社生産の機会選択論となる。取引コスト論における市場概念は，自社以外の特定少数もしくは不特定多数の他社の集合体であり，自社と比較対照される企業群になる。

この自社と他社の境界は，所有権により説明できる。自己の財産として認識される企業組織と，他人の財産として認識すべき市場の存在である。個人が投資家としての顔を持つとき，所有権に基づく財産価値を比較するのが取引コスト論となる。

財産価値は，将来にわたる成果（キャッシュフローや便益）を現在価値に還元したものである。自社と他社の選択基準は，いずれの選択がみずからの財産価値を最大化させるかという基準で判断される。自社の選択行動は，市場収益を超える利潤機会の存在を意味する。完全競争市場は利潤ゼロの世界であるが，この均衡市場からの逸脱や不均衡の発見は，オーストリア学派の利潤機会と重なる。それゆえ，生産諸機能の標準化（市場）と差別化（起業家）という視点は，市場と組織の選択問題と結びつくことになる。

取引コストの概念が自社と他社の選択論である以上，ガバナンス・コストと同じ機会費用でとらえられ，特定のガバナンスを選択することで諦めねばならないリターンを測定することになる。自社と他社の財産比較は，意思決定機会の算出であり，過去の業績や成果の比較は意味がない。機会選択の時点で過去を清算し，利潤・損失を評価したうえで将来のキャッシュフローやベネフィットの予想

をすることになる。それは，企業の経営者が日常的に意識している機会費用による比較である。新たな社会や事業の設計のための準備活動とその結果としての成果が比較される。

　経営者による自社の選択は，企業財産を成長させるための投資決定である。企業成長は，従業員数や資産規模で測定され，投資計画の実施により実現する。投資計画の採否は，市場の標準化された業績を上回る期待リターンの有無で評価されるため，経営者は市場均衡を上回る利潤の獲得を目指す。それはNPV法と整合的である。組織の選択は資本結合を意味し，その判断基準となるのは資本コストである。1円の時間価値に対する仕事量が測定され，NPVがゼロ以上であれば，投資計画は採択される[9]。それは起業家コストを上回る期待収益を意味する[10]。

　企業の投資は，資産の規模拡大と種類を多様化させる。物的な資産のみならず，異なる技術や知識を有する人材が結合することになる。それぞれの職能の参入と退出は，NPVの大きさにより決まる。

　組織の規模や種類の確定は，その企業の資産の規模と資産構成の確定である。各資産は，将来の活動を準備するためのストックである。目的が多様で多くの職能を抱える事業は，将来キャッシュフローの質量が多様化しており，個々の機能に応じた資本コストを算定しなければならない。資本コストは，個々の資本を識別する価格である[11]。

　異なる機能が稼ぎ出すキャッシュフローは，DNAの如く千差万別であり，厳密に同じリスクは存在しない。職務内容に応じた言語が存在し，それぞれの職務内のコミュニケーションが分業の効率性を規定する。職能ごとの資本コストは，その値を加重平均することで，企業組織に固有の資本コストが計算される。組織の規模拡大が財産価値を高めるには，期待される成果に対して相対的に資本コス

トを低下させることが求められる。持株会社の資本コストは，傘下の株式会社の資本コストを加重平均した値であり，傘下の株式会社の資本コストは，その事業部や組織の資本コストを加重平均したものである。さらに，その事業部や組織の資本コストは，さらに細分化された職能の資本コストの加重平均なのである[12]。

　起業家は，5W2Hを決めて投資計画を策定する。計画の実施は*NPV*で決まるが，投資価値を決めるのは統治能力である。起業家の統治能力が経営資源を結合し，計画の成否に結びつく。新規事業に資本が供給されるか否かは，資本コストに依存する。

　PDCAの統治機構は，資本コストに影響を及ぼす。計画そのものは当然であるが，計画の実行や評価の方法について，誰がどのように行うかを開示することなしに資本は供給されない。期待された成果の修正があれば，準備された資産の価値が変動し，準備活動も修正される。準備資産の価値変化に基づく利潤と損失は，資本供給者の私有財産の増減である。みずからの財産を管理する仕組み，すなわち統治機構に関心を持つのは当然である。統治機構が企業の参入と退出のシグナルとなる。

5　モジュールと摺合せの概念

　取引コスト論の視点を導入すると，市場と組織のあり方が「豊かさ」を決める。組織と市場の選択問題は，効率性の追求過程である。組織は，異なる分業と協業を組み合わせて目的を遂行する。組織を統治する意思決定者のもとに，人事・労務，財務・経理，調達，製造，販売などの下部組織を組み合わせる。全体組織の目的を達成するための下部組織にも，それぞれに目的があり，目的と手段が階層

化している。

　製造現場では，原材料を加工して部品を生産し，これを組み立てて製品にする。部品を他企業から調達することや，製造工場そのものを外部の企業に委託することも検討される。いずれの組織も外部企業との比較が必要になる。

　各組織がモジュール化できれば，外部との比較は容易である。しかし，独自の製品やサービスを生産する部署には比較可能な外部組織が存在しない。組織内の個々人の関係が複雑に絡み合っている場合，すなわち，1人の個人が，同一部署内や他部署と有機的に関係するような摺合せ的な組織構造では，市場に比較して企業組織の優位性が認められる。それぞれの仕事を別々に結合する契約関係は複雑であり，取引コストがかかるためである。

　市場と差別化された独自の経営には，マニュアル化した技法がない。市場から調達できるモジュールがなければ，組織内の個々人が工夫し，諸機能の資源を有機的に結合する方法を模索しなければならない。それは市場に存在しない独自の分業と協業の体系，すなわち，新たな統治機構の構築を意味する。組織内に存在する多様な資源を摺り合わせることで，市場のモジュールを凌駕する成果が実現できるとき，企業は組織として存続する価値を表明する。

　組織は，個々人の分業と協業の体系である。組織を細分化してモジュール化すれば，個人や機能レベルに還元される。生産活動は，モジュールを購入し，これを結合するタイムレスな活動と想定できる。質点のような極小単位のモジュールは，在庫（準備段階）として認識されず，目的は瞬時に達成される。繰り返し述べてきた完全競争市場である。

　他方，モジュール化されない仕事の単位は，市場取引が困難でコ

ストのかかる状態を意味する。生産活動は，時間を要する摺合せ的なプロセスとなる。分業を微細な単位に細分化することができず，特定の労働力が一定の生産期間を担当することになる。市場取引に摩擦的な要因があり，仕事の単位は大きさを持つ組織になる。それは取引コストの視点が有用な現実の組織であり，個々人の仕事が結合し組織となることで，ストックの概念を生み出す。

　目的が異なると，達成するための手段と必要な時間が異なる。目的遂行のために始めたばかりの仕事から，途中経過の仕事，そして目的を達成した瞬間のものまで多様な状態が併存して認識される。それは，大きさを持つストックの概念となる。

　モジュールの仕事と摺合せの仕事は，常に比較対照される。自社で製麺すべきか，他社製の麺を仕入れるかの選択である。自家製麺が味やコストで優位になるときに，組織内の摺合せ的経営が必要となる。他社への発注は，自社の仕事を失い，労働資源の解雇やその他の資源利用を中止することになる。モジュール化とは，摺合せ的な仕事の模倣と細分化により，自社の暗黙知が他社に利用可能な形式知化することである。それは自社の仕事が代替可能な仕事となることを意味している。原材料や部品のみならず，工場もモジュールになる。

　労働力がモジュール化していれば，労働市場は円滑に機能する。市場の取引コストが低下し，企業組織の優位性が失われる。しかし，差別化するには，市場には存在しない独自の労働力が必要になる。企業に固有の資源を確保することで，企業は分業の役割を担える。そのためには，労働力を育成するような組織内労働市場を形成しなければならない。

　規格化した労働力は，市場価格を形成し，単純労働から高度な専

門職に至るまで統一した賃金表が成立する。同一の仕事に対して同一の賃金が支払われることになる。労働者は，組織と市場の境界を意識しなくなり，経営を統治するためのガバナンス・コストは上昇する。経営者が組織内に労働力を確保するためには，市場取引のない差別化した仕事，すなわち，特定企業に固有の職務内容を作り出さねばならない。それは起業家的統治者の仕事である。

　各組織や各部署は，それぞれが独立した仕事の単位として認識できるとき，それぞれの仕事の将来キャッシュフローの現在価値は仕事の価値になる。企業価値は，原子論的な仕事の単位の総計である。独立した仕事の単位と有機的に結合した組織内の仕事の比較は，外部環境との関係によって決まる。

　経理や財務も，決済や余剰資金の運営も，モジュール化すれば外注が可能である。

6　企業活動と市場のガバナンス

　経済発展は，家庭内の家事の多くを企業活動に代替してきた。それが分業経済である。家庭内生産活動から特定分野の生産に特化する準備を進め，さらには，これを組織化して経営管理に委ねることを選択してきた。

　家庭がみずからの特化すべき業務を選択し，家庭外企業となることを起業と呼ぶ。起業活動は投資活動であり，市場の形成である。新しい財・サービスの起業により新たな市場を形成するが，顧客の増加と参入企業数の増加とともに，取引に関するルールが必要となり，市場という制度は成熟していく。ルールは，法に基づくものや業界の自主規制など多様であるが，その目的は取引コストを引き下

げ，取引を円滑にすることにある。

　市場取引が飽和状態に近づくにつれ，取引は標準化される。標準と異なる取引が排除され，企業活動の自由が制限されることになる。標準以下の商品を供給するにはルールに反しなければならない。企業の不祥事の多くは，市場のルールに則った競争に敗れた結果である。これは市場による企業の統治である。

　市場取引の規制が強化されると，差別化や起業が困難になる。しかし，標準化した財・サービスが飽和状態に達しているため，現状の維持・発展を望む声は少ない。すなわち，ガバナンス・コストは上昇し，起業家コストは低下している。市場による企業の統治は，常に1円1票の投票権を行使し，企業の5W2Hを検証している。

　消費者である家計は，投資活動により資本家となる。財・サービス市場における統治は，貯蓄を投資に結びつける金融市場の統治となる。金融資本市場は，現在の財・サービス市場に基づき，将来の財・サービス市場を予測する。現在の諸規制を遵守できない企業には将来がない。そのような企業には，将来の活動を準備する資本は供給されず，将来のある企業に資源を配分する。

　金融市場の本質は，将来のために有用な仕事をする経営者や従業員，そして組織を探索・評価し，その活動に従事する人々の生活を支えることにある。必要な産業・企業に生存基金が振り分けられ，発展すべき産業や企業に従事する人々の暮らしを支えることになる。金融市場における企業統治である。その主体は，消費者の顔ではなく資本家の顔となる。

　企業と家計あるいは企業組織と市場の分析は，新たな資本概念に導く。ストック概念で論じられる資本は，過去の家計貯蓄から供給された生活資料に依拠しており，新たな家計消費に貢献しなければ

評価されない。企業は資本ストックの結合体であるが，この結合を物質的ストック概念でとらえることで生産活動に従事した人々の活動が見失われる。企業の連続する生産活動が最終的な消費財につながるとき，この生産活動のプロセスの一断面がストックとして評価されるのである。仕事時間の単位を細分化すれば，常に事前と事後の繰り返しであり，清算が繰り返される。過去の生産活動は，新たな生産活動に役立つ限りにおいてストックとして評価され，財産と認識されるのである。

　すなわち，企業の財産は，将来の生産活動のために準備され，費消される生活資料から構成されていることになる。財産の所有権者は，生活資料の供給者である貯蓄主体，すなわち家計である。金融市場は，家計の所有する財産を金融資産として評価する。

　財産評価は，家計貯蓄を供給する企業の単位を測定しなければならない。測定基準は，機会費用の概念に基づく将来の利潤・損失である。これを予想するための対象は，経営者が設計するビジネスモデル，すなわち5W2HとPDCAサイクルである。それは，人間の意思と行動を評価し，利潤を生む経営者と組織に，その活動を支える生存基金を供給するためである。

　金融市場は，経営者と人々の組織を評価する制度設計を構築しなければならない。家計貯蓄は，貨幣資本の形態で企業に投資され，その運営を経営者に託すことになる。経営者は，受託した資本を企業活動に従事する人々の生活資料に充当する。人々や組織の活動は，有形資産の購入とは異なり，一定の時間を経なければ評価をすることができない。それゆえ，資本家による経営者の選任は，経営者の活動を信頼して，一定の期間にわたり，その活動内容の詳細や会計情報などの開示を猶予し，その運用を任せることを意味する。開示

すべき時期や内容，開示義務のある情報の質と量は，経営者に託されている。それは，資本家と経営者のプリンシパル＝エージェント関係である。経営者の情報が正しい資源配分に導くか否かが，社会の発展を左右することになる。

　金融市場は，利潤を生み出す企業を評価し，その活動に携わる人間を生かすための統治システムである。金利や証券価格などの市場価格は，こうしたさまざまな情報を集約している。市場が効率的であれば，取引に必要な情報は価格に織り込まれるが，起業家による企業の参入や退出の意思決定には役立たない。市場価格は市場競争の結果であり，資源配分の結果である。ある企業の株価が上昇するのは，経営者による起業家的意思決定の評価である。競争終焉後の市場価格は再び始まる資源獲得競争のスタートラインであり，利潤を得るための新たな資源配分先を示すものではない[13]。

　経済のグローバル化は，金融に共通尺度を求める。しかし，金融技術がいかに進歩・発展しても，多様な人々の経済活動を的確に把握し，予測するものにはならない。金融の技術や制度的発展による社会貢献は，現在および将来の人と組織の活動を支援することである。経済活動のすべては，個々の人間行動であり，その分業と協業の体系である組織や市場機構によって担われている。金融市場の取引が，キャッシュフローや金融資産価格という無機質なイメージを持つとしても，結局のところ，過去，現在，そして将来の人間の活動を評価するものである。

　したがって，企業組織の外側にいる資本家という人格を統治するシステムが金融市場である。市場制度の失敗は，時に暴走し，希少な資源を棄損させる。しかし，企業が資本調達から始まる以上，金融市場は企業の統治に欠かせない制度となる。

【注】

(1) 動作は労働力であり，その報酬は賃金となる。しかし，賃金は，生産物が生産され，販売されるまで回収されない。この事前の支払いをするのが資本であり，生存基金である。

(2) 営利組織は，主観的にも客観的にも，貨幣により利潤・損失を測定できる。私有財産の市場取引を前提とするためである。しかし，非営利組織は，必ずしも私有財産の市場取引を前提としない。そのため，目的や成果を貨幣の尺度として共通化できない。利潤と損失を，貨幣以外で測定する場合，計画や成果は，主観的な判断に基づく良し悪しや選挙などにより評価されることになる。

(3) この関係に矛盾があることで，国家は企業の統治に重大な関心を持つ。

(4) 必ずしも，財務諸表としての貸借対照表を意味しない。前払いした給与が費消するまでの資産概念など，あらゆる生産準備のための活動をストックとしてとらえる概念である。

(5) 財産権は，物権，債権，知的財産権などで，株主権などに対する概念である。本書では法律的解釈とは別に，将来の消費を確保するための権利とする。

(6) 近年の会計上の混乱は，資産を市場価値で評価することにより株主の持ち分を示せるという陥穽に嵌っている。法人が所有する金融資産（他社の株式など）を時価評価するということは，他社の帳簿資産の取替原価ではなく，他社の資産がその他の経営資源と結合して稼ぐ将来キャッシュフローに基づいている。自社の帳簿資産に関して同様の基準で評価するとなれば，帳簿の必要はなくなり，証券市場に委ねればよいということになる。

 また，リース取引のオンバランス化も問題になる。リースは，他社所有の資産からのサービス享受であるが，実質的に資産購入と同じ効果が期待できるのであれば，資産計上が望ましいと考える。しかしながら，同様の考え方に立てば，借地や賃借した店舗なども資産計上すべきである。さらに極論すれば，他社から購入するサービスや原材料，部品などは，他社の資産を用いた商品であるが，他社の資産に対する裁量権を自社の経営者が有する場合には，これをすべて帳簿に計上させるべきと主

張できる。この基準は，法人の所有権に直接関係しない。親会社の無理な注文を引き受ける下請け企業や孫請け企業を資産計上すべきであろうか。いずれも，会計上の資産が株主の持ち分を示さない証左である。
(7) John Micklethwait and Adrian Wooldridge (2003)，邦訳書 (2006) p.147参照。
(8) 加えて，法人間の資本関係が法的な企業の実態を形成するが，ここでも経営者の意思決定の及ぼす範囲と投資家のキャッシュフローへの影響が財産の認識をもたらす。親子上場の場合，子会社の株主は，親会社の経営支配を考慮してキャッシュフローを予測している。投資家は，意思決定主体の主従関係を考察した上で，その影響をキャッシュフローに加減するであろう。経営資源をコントロールする実質的な支配が重要なのである。
(9) NPVがゼロの場合，企業は市場の平均的な報酬を稼ぐだけである。現在の投資額と現在価値は一致し，資本コストを稼ぐことで投資は正当化される。他社ではなく，自社企業の組織拡大が選択される。
(10) 既述のように，ここでの起業家コストは資本コストと同義である。しかし，起業家が同時に資本家であるとは限らない。起業家の消費活動を支える資本家の存在や起業家自身の出資を考える必要がある。起業家の自己資本も，他人資本の利用も，準備活動を正当化するには，資本コストを稼ぐことが必要になる。
(11) 企業と市場は，複数の原子や異なる分子構造を持つ組織として認識される。下記の式のV_aはある種の特徴を持ったa社の企業価値を示している。事業i（商品やサービスの種類）はn種類の事業に分類され，各事業を遂行するための機能j（購買・生産・販売など）はm種から構成されている。それぞれの仕事は無限に分割可能と仮定され，nやmを∞に接近させることで原子論的な資本になる。V_{ij}は，i事業のj機能の価値であり，CF_{ijt}はt期のキャッシュフロー，k_{ij}は資本コストである。企業価値V_aは，市場との相対的関係で決まる。

$$V_a = \sum_{i=1}^{n} \sum_{j=1}^{m} V_{ij}$$

$$V_{ij} = \sum_{t=1}^{g} \frac{CF_{ijt}}{(1+k_{ij})^t}$$

(12) 経営資源の相互利用がなく，4つの事業部（A, B, C, D）を持つ企業の価値Vは，下記のように4つの企業（V_A, V_B, V_C, V_D）の価値合計と同じとなる。いずれも相互に独立した企業である。各企業のキャッシュフローCF_iは，永久に続くものと仮定し，それぞれの資本コストk_iで割り引かれている。

$$V = V_A + V_B + V_C + V_D$$
$$= \frac{CF_A}{k_A} + \frac{CF_B}{k_B} + \frac{CF_C}{k_C} + \frac{CF_D}{k_D}$$

Schall（1972）およびHaley, Charles W. & Lawrence D. Schall（1973）の*VAP*（Value Additivity Principle）を参照せよ。完全市場で投資家が受け取るキャッシュフローの総価値は，企業価値の総計であり，企業の分割方法に無関係である。取引コストが存在しなければ，企業の組織内分業と市場の分業に価値の差は存在しなくなる。しかし，実際の仕事の単位は，相互に独立ではない。異なる生産ラインの商品が同一営業所で販売されることや，総務・人事，財務・経理などの職能は，複数の事業に関与する。モジュール化が可能である事業は，その単位を独立して評価できるが，摺合せの必要な事業は，1つの事業のあり方を変化させることで企業組織全体の評価が変化する。

企業を構成する事業単位ごとに資本コストは異なる。事業を構成する職能も，仕事の単位としては資本コストが存在し，それぞれに固有の資本コストが存在する。各企業の資本コストは，こうした多種多様な仕事ごとの資本コストを加重平均したものである。

(13) 金融の世界では，過去および現在の市場価格を前提にして，さまざまな評価モデルや金融商品が開発される。その結果，新たな情報を織り込んで成立する実際の価格とモデルの価格に乖離が生じ，資源配分をミスリードすることになる。現実の資産価格は，環境変化に応じた経営者の意思決定とこれに伴う人々の活動を予測して成立する。過去のデータでは人間行動を予測できないのである。

第 9 章
株式会社のガバナンス

1 株式会社の仕組み

　自然人のように法律上の人格を備えた株式会社は，19世紀のイギリスで誕生する。それは人類史上，最も画期的な制度的発明であった。その基本的な仕組みは，所有に基づく権限とそれを管理・運営する権限を分離する株式制度である。資本の所有者は，必ずしも，起業家能力や組織の管理運営能力に長けているとは限らない。株式会社は，人格と機能の分離により分業体系を進化させる企業形態の完成型である。

　企業に関与する人間は，さまざまな機能を有する。資本家であると同時に，起業家能力や経営能力を発揮し，労働力を提供する労働者の顔を持つ。株主の定義は，家計貯蓄を企業の投資計画に振り分ける機能主体である。株三は，起業家の提案した5W2Hを実現する準備として資本を提供し，その執行を経営者に託す。人格と機能を切り離すことで，多額の資本を調達し，これを効率的に運用する仕組みが構築される。

　いかなる事業も，家計の将来消費を実現するための有形・無形の資産を準備しなければならず，調達－生産－販売のプロセスに与る

経営者や労働者に生活資料一切を提供しなければならない。家計の将来消費計画が確定していれば，資本家と消費者は一致するが，消費者はみずからの将来計画を持たない。そのため，消費者の将来計画を代替する機能が求められる。将来の消費者のために準備される社会のストックは，個々の資本家が責任を負う私有財産の体系である。その責任は，みずからの所得と財産の変動というリスクを引き受けることである。株式会社は，大規模な資本調達と効率的な経営により，他の企業形態とは比較にならないほど社会のストックを増加させることに成功した。

具体的事例で説明しよう。起業家が1,000万円の開店資金を必要とするラーメン屋を計画している。1,000万円の余裕資金を有する資本家がこの開業計画に賛同すれば出資する。起業家は，資本家が拠出した1,000万円の貨幣と交換に株式を発行し，資本家はラーメン屋の株主となる。株主はラーメン屋の所有者となり，経営に参加する権利と利益分配に与る権利を持つ。株主自身が起業家や経営者になることは可能である。しかし，資本家と起業家，そして経営者は，それぞれに異なる機能であり，同一の人格がそれぞれの能力を兼ね備えているとは限らない。株主は資本家として，エージェントである起業家や経営者[1]にみずからの財産運営を託することになる。それは株主の富最大化を目標とする活動である。

起業家は，この資金をラーメン屋の生産活動に必要な生産要素の調達に充てる。店舗の改修資金，冷蔵庫や厨房の機器，鍋やどんぶり，アルバイトを雇用する資金などに充てる。開店すると，顧客にラーメンを作り，株主が出資した1,000万円をラーメンの代金から回収していく。株主は，ラーメン屋の将来の顧客が支払う代金を前払いしたのである。起業家は，貨幣資本 → 生産資本 → 商品資本

→貨幣資本という資本の運動を管理・運営する経営者となる。

　1軒のラーメン屋が満たすことのできる消費者の効用は限られている。自社のラーメンに自信があり，行列のできるラーメン屋を多店舗展開すれば，社会の富はもっと大きくなると確信している。しかし，ラーメン屋の店舗数を増やすには時間がかかる。1,000店舗の開店資金には100億円の資金が必要であり，個人事業主の貯蓄では1,000年かかるかもしれない。しかし，10万人の株主が10万円ずつ出資すれば1年で達成できる。1,000年後の消費者効用を本年度中に満たすことができる。

　このように株主の資本を結合すれば，長期化する生産期間を大幅に短縮できる。大規模な生産設備や医薬品などの開発期間のかかる製品には，資本結合は欠くことができない。株式会社という制度が多くの資本を結合することで，社会の富を創造するのである。大規模な企業組織を構築するには，資本供給の単位を小さくすることが必要になる。100億円の資本は，1人の資本家では拠出できない。1,000人で分割すれば，1,000万円の単位になる。10万人で分割すれば10万円になる。株式会社は，企業の資本を株券により分割し，株式発行数を増やすことで，零細な多数の資本家を集めることに成功した。株主の増加は，リスクの分散所有であり，分権化した社会を構築する。

　ラーメン屋に出資した1,000万円は，毎年の利益により時間をかけて回収される。この回収期間は，投資した貨幣資本が再び貨幣資本として戻る時間であり，固定資産の経済的な耐用年数[2]により決まる。資本家は，貨幣資本の持つ流動性を回収期間にわたり犠牲にして，ラーメン屋という資本形態に固定化させたのである。流動性を選好するのは，他の生産機会や消費機会にいつでも利用できる

ためである。資本の固定化は，こうしたさまざまな選択肢を犠牲にすることになり，失われる機会に見合うリターン（資本コスト）が必要になる。

　回収期間の短縮化は，資本調達の至上命題なのである。しかし，鉄道事業や石油プラントなどの大規模な生産活動では，その長期化が避けられない[3]。生産技術が要請する回収期間の長期化と資本家が望む回収期間の短縮，この二律背反する問題を解くのが株式会社である。

　株主となった資本家は，ラーメン屋の株式を第三者に譲渡することが可能である。開店資金に投下された1,00C万円は，資本を固定化したまま回転運動を継続する。他方，株主はラーメン屋の株式を譲渡することで，貨幣資本を回収できる。譲渡自由な株式制度が流動性を付与したことで，株主の機会費用は低下し，企業の大規模な資本調達が安価に行われるようになった。

　ラーメン屋の多店舗展開には，多くの株主を集めねばならない。しかし，株主が増加すれば，ラーメン屋の経営に対する意見は多様化する。しょうゆ味のラーメンに集中特化すべきという意見から，塩ラーメンや味噌ラーメン，あるいは餃子など，品数を増やすべきという株主が登場する。これらの異なる意見は，ラーメン屋の将来業績予想にも反映する。

　株主は，みずからの意見を取りまとめ，経営に反映させねばならない。多種多様な意見を有する多数の株主が，経営を評価し，監視するための仕組みを構築しなければならない。株主が企業を統治するというのは，株主自身の統治機構の制度化である。それは株主総会や取締役会，あるいは監査役会などの制度設計である。

2　株式市場と株式会社

　株式会社の発展には，株式市場の成立と発展が不可欠になる。株式会社は，株式を発行して資金を調達する発行市場と，株主が第三者に株式を譲渡する流通市場を必要とする。その具体的な取引は，証券取引所で行われる。証券取引所は，株式や債券の売買取引を1カ所に集中させることで，需給を均衡させる価格を決める。たとえ譲渡自由な取り決めをしても，購入を希望する投資家を探し，譲渡価格を決め，株主権の移転を確認するなどの取引コストがかかる。証券取引所は，株式譲渡の取引コストを引き下げるための場であり，固定化する投下資本に流動性を付与することで投資家を惹きつけたのである。

　しかしながら，証券取引所で株式を売買できる株式会社は限られている。不特定多数の投資家が自己責任で売買するために，一定の基準を設けているのである[4]。それは取引コストの削減を意図して，株式という資本単位を標準化させるものである。各地の企業は，完全競争市場のような同質性を持たず，全国の投資家も，投資対象の企業情報を正確に把握できるものではない。地域住民に信用される企業も，遠方の住民には理解されない。株式市場は自生的に形成されたとしても，人為的な制度上の工夫がなければ成長しない。

　上場企業は，一定の基準を満たし，証券取引所で株式を売買できる株式会社である。証券市場に上場することで，多額の資本を調達し，全国的な規模で富の増大に貢献する。それゆえ，上場企業の統治機構は，株式市場の整備と同時に進むことになる。株式会社と株式市場の両輪は，資本主義的な大規模企業組織を建設するのに必須

の制度である。

　他方，非上場企業は，株式の譲渡に相当のコストが必要とされるため流動性が低く，株式の価値も高くならない。差別化された資本の単位は，特定の取引に限定される。飲食や理美容，会計事務所やコンサルタントは，小規模企業が多い。製造業でも，人的な関係で資本を調達すれば事足りる活動がある。

　大規模企業が不特定多数のマス市場で評価されるのに対し，小規模企業の価値は，ニッチ市場の特定顧客が評価する。ニッチ市場に対する準備活動は少額資本で賄えるため，優良企業であっても証券取引所に上場する必要はない。株主は経営者本人や家族などの人的関係に限られ，資本の評価基準は少数株主の主観的なものとなる。所有と経営は分離せず，権力と富がオーナー経営者やその家族によって掌握されるファミリービジネスとなる。

　ファミリービジネスは，所有者と経営者が同一であるため，エージェンシー・コストは発生しない。経営者の決断は，みずからが所得変動リスクの負担者となるため，利害調整の時間を要せずに，即座に実行される。取締役や監査役が選任されていても，実体としてはその役割は機能していない。みずからの財産を自己責任で活用するとき，権力分散の意味はない。所有者と経営者，労働者が同一の小規模な会社であれば，ニッチ市場による統治で十分である。所有者の私的財産は，ニッチ市場における顧客の主観的予想に依存する。

　組織の規模拡大は，資本の評価主体を増やすことになる。分業と協業の体系が重層化し，権限と責任が分散化すると，専制的な意思決定の仕組みが維持できなくなる。従業員が増加し，技術や知識の分散と深化が進む。財・サービス市場の拡大により，不特定多数の顧客対応に迫られる。専門経営者を雇用することで，所有者の経営

範囲や内容に変化が生じる。企業の意思決定は，不特定多数の顧客や労働市場に評価され，監視されることになる。

　所有者は専門経営者に経営諸機能の権限を大幅に委譲し，最終的には人事権の行使のみを残す。1人の所有者が経営者を任免する場合でも，企業資本の価値は所有者の主観的評価から乖離し始める。資本の価値は，経営者や従業員の働き方に依存し，他企業との相対的評価を必要とする。企業を取り巻く利害関係者の増加は，所有者の私的財産評価に客観的な目を要求することになる。

　上場企業は，多数の所有者の目によりチェックされる。不特定多数の株主を募るには，株主を無限責任から解放する必要がある。すべての私有財産を失う危険な賭けは，健全な投資家を躊躇させる。有限責任制の導入は，株主の利益に無限の可能性を持たせ，損失の下限をゼロにした。そのため，株主の負うべきリスクの一部は債権者に転嫁され，株主のリスクを分散化させることに成功している。

　株主が投資対象とするのは，上場する多数の銘柄であり，株主は事業内容の異なるさまざまな株式会社の所有者となる。上場企業は，資本市場における不特定多数の株主と企業内部の特定少数の経営者をつなぎ合わせる統治機構が必要となる。多種多様な株主に応えるには，それぞれの株主の私有財産を増加させる株価最大化が必要となる。それは，功利主義的な市場の解であり，1人の株主の主観的評価は，不特定多数の市場の客観的評価となる。

　株式市場は，多数銘柄の株式に分散投資することで，個々の企業に固有のリスクを相殺できる[5]。分散投資によるリスク削減は，株式投資の資本コストを低下させ，上場企業の株式価値を上昇に導く。株主の私有財産は，工場や店舗といった特定の準備活動ではなく，社会の多様な準備資産を分散所有することになる。株式市場を

備える資本主義社会は,個々の資本家が個々の具体的な資産を準備するのではなく,資本家全体で社会の準備活動を支えることになる。

多数の投資家の参加により企業を評価する目は増えるが,多数銘柄を組み込むポートフォリオの所有者は,投資先事業に関する十分な知識を持たなくなる。株主による経営参加権の行使は,分散投資を前提とする制度設計からは特別な事態に映る。株式市場の整備が進めば,投資家の選択機会は拡がり,投資対象に関する知識が分散化することになる。当然,経営に対するコミットメントは小さく,みずからが統治し,経営を行うという意識は希薄化する。

にもかかわらず,多数の株主による頻繁な株式売買は株式市場を効率的にする。時々刻々と変化する企業の内外環境は,種々多様な情報をもたらす。情報が変化すれば,新たな資源配分の均衡点を模索しなければならない。先行投資した株主は,新たな均衡に到達するまで利鞘を受け取ることができる。株主は経営者とは異なる株式市場の視点で,資源配分をコントロールしようとする。経営者の役割は,この機能を円滑に遂行させるため,投資家に必要な情報を開示しなければならない。

しかし,株主は特定の企業に拘泥する投資家ではない。株主の立ち位置は,株式を購入する有限責任の出資者であり,企業経営に関する知識や経験があるわけではない。株主が知りたい情報は,株を売買するための良い情報(good news)と悪い情報(bad news)である。抜け目のない投資家は,グッドニュースとバッドニュースを探して利鞘を稼ごうとする。経営者は,こうした不特定多数の投資家の目によりPDCAを回し,魅力ある企業情報の提供に努めねばならない。開示情報の真偽や開示のタイミング,開示方法など,既存の

株主を含めてすべての投資家に平等の情報が提供されなければならない。ガバナンス・コストは上昇するが，それ以上に株主の富を高め，社会の富を増やすことができれば，株式会社の上場は意義がある。

　こうした株式会社は大規模に組織化した実態を持つが，株式市場における少額の単位に分割した株式は，完全競争市場の原子論的企業と近似する。株式の単位が小さくなれば，そこに株主や経営者の意思は見えなくなる。組織としての大きさもない。企業の参入と退出には時間がかかるが，株式の売買には時間がかからず，資本の参入と退出は瞬時に完了する。一片の株券を企業とみなす理念型モデルである。

　もちろん，所有と経営の分離が，起業家や経営者の意思を消滅させるわけではない。多数の株主による民主的経営に導くわけでもない。一部の株式所有によって多数の株主を支配することができれば，特定株主による独裁的な経営が可能となる。あるいは，所有と経営の分離が進み，バーリーとミーンズ（Berle, A.A. & G.C. Means）[6]が主張したように経営者支配となる状況もある。大衆株主と大株主，個人株主と機関株主あるいは法人株主など，株式の所有構造により利害の衝突は異なってくる。株主と株主，株主と経営者，さらには銀行や社債を保有する債権者と株主，債権者と経営者といったガバナンス問題が浮上する。

　大規模化した株式会社のガバナンスは複雑になる。プリンシパルである株主とエージェントである経営者の間には情報の非対称性があり，経営者は株主の利益に背く機会主義的な行動を選択する可能性がある。したがって，公認会計士制度は，株式市場の発展とともにその役割が重視されてきた。

他方，株式会社は社債の発行や銀行借り入れを行うことができる。社債は格付け機関により評価され，銀行借り入れは銀行からの監視を受ける。留意すべきは，債権者と株主の評価が異なることである。株主が利益最大化を望むのに対し，債権者は利益の多寡よりも安定的なキャッシュフローを選好する。

　いずれにしても，組織の規模拡大は利害関係者を増やし，その調整コストは株主のガバナンス・コストの増加となる。

3　株式市場と株主の利潤・損失

　株式会社という企業形態は，生産に関わる資本家，経営者，労働者の諸機能を分離した。資本家の報酬は，経営者報酬や労働賃金と区別される利子（資本コスト）と利潤である。利子や利潤の源泉は，家計が貯蓄した企業資本である。企業資本は，債権者の財産である負債価値と株主の財産である株式時価総額からなる。債権者は，確定利息を受け取るため利潤の請求権はない。他方，株主の所得は残余所得であり，リスクを引き受けることで利潤請求権を有する。

　グローバルな分業と協業の体系の中で，私的利潤が社会貢献につながる道筋は株式市場にある。分業と協業に関する将来情報は，最終的には貨幣（キャッシュフロー）情報に集約され，貨幣額を基準に株主の所得の大きさや率が測定される。集約される情報は，ビジネスモデルに対する希少資源の配分に関わる情報である。

　経営者や従業員組織が策定したプランとその実現可能性は，株主に帰属するキャッシュフロー（所得）情報に変換され，株式価値の評価となる。株主の受け取る残余所得は，現在配当と将来配当（株価）の合計である。配当は株主の貨幣資本回収であり，消費活動や

再投資の資金源となる。将来配当は企業に内部留保された貨幣資本が生産資本等に再投資され，株主の持ち分の増加に貢献すれば株価の上昇となる。

　株式の投資段階で期待する報酬（資本コスト）と実際に受け取る事後的報酬の相違は，株主の投資に対するリスクとして認識される。投資家は，このリスクを鑑みて特定企業の株主となり，その報酬としてリスクに応じた資本コストを要求する。計画や実行可能性に関わる売買時点の情報が，将来の資産価格につながる保証は存在しない。不特定多数の株主が依拠する情報により株価は形成されるが，情報の選択とその解釈は個々の投資家の主観に基づいている。実現した所得が資本コストを上回れば，（超過）利潤を享受し，下回れば損失を被る。

　ところで，株式の購入価格は同じではない。それゆえ，現在の株式価格が同一であっても，利潤を享受する株主と損失を被る株主が存在している。株式市場では，新たな情報に反応して株価が変化する。そのたびに，購入価格と現在価格の間に大小さまざまな差を持つ多数の株主が存在し，それぞれに異なる利潤と損失を認識していることになる。しかしながら，ある時点の株価が投資家の競争が終焉した均衡状態であるとすれば，株主の利潤・損失は株価の成立のたびに清算され，株主の財産評価を洗い替えすることになる。ここに株式市場における利潤と損失の本質がある[7]。

　リスクが存在するのは，生産活動に時間が介在しているからである。計画段階から実現段階までの時間的隔たりはリスクである。実施段階に移され，徐々に成果が見えてくると，PDCAを回す計画と実際の乖離は漸次縮まり，実現の最終段階で一致する。この時点ではリスクはなく，利潤と損失が清算される。企業経営は，こうした

資本の回転運動が無数にあり，その束ねた一断面において利潤・損失を評価する。決算は，経営者や株主がある特定の時点に注目して利潤・損失を評価する人為的な評価制度である。それは，会計的な約束に基づく，客観的な評価となる。

配当の支払い時期は決算期と重なるが，株主は常に株式を譲渡することができる。株主の利潤・損失は，株式の購入時点と売却時点の株価の差であるが，保有中の評価は，現在の株価を売却時の株価とみなせばよい。それゆえ，保有期間に関係なく，株価の変動が株主の利潤・損失となる。

株式価格の成立は，投資利回りとしての資本コストの確定である。資本コストは，現在と将来の貨幣の交換（時間選好）に必要な概念であり，貯蓄を利用する際の価格である。貨幣資本の供給には，人々の生産活動を評価し，消費を延期するに足る生産活動の正当性が問われる。資本コストの役割は，資本供給に正当性を与えるものである。株式市場では，時々刻々と株価が変動し，さまざまな人間の活動が利回り（リターン）という数値で標準化される。さまざまな種類の人間の活動がリスクとして認識され，市場の均衡価格として数値化される。貯蓄は，客観的な評価基準を持って配分されることになる。

投資家は，主観的な予想に基づき株式を売買する。その時点で，株式市場の均衡価格が主観的評価を客観的市場評価に変質させる。独りの資本家が起業家的な活動に気づき，主観的評価で先行投資をするのはリスク（資本コスト）が高い。計画が実現段階に近づくにつれ，当初の評価よりも高い成果が実現することになれば，株価は上昇し，資本コストは低下する。模倣者の参入である。この参入のプロセスで，先行投資した株主は超過利潤として創業者利得を得る。

リスクが高く，実現が困難であると評価されていたプランは，その実行可能性が高くなることで財産価値を高めることになる。ナイトやカーズナーの利潤である。

　株式市場の株価は，株式会社の利潤・損失を表示することになる。それは，計画と実現した成果の乖離に原因がある。しかし，この利潤・損失の実現形態は，所有と経営が一致する企業とは異なる。ファミリービジネスの利潤は，所有者の主観的な将来評価に依存するが，上場企業の利潤は，不特定多数の株式市場における評価である。この意味で，利潤は客観的な値となる。株主が時々刻々と変化する株価の動きに合わせて，みずからの財産価値を洗い替え（清算）しているとすれば，株式会社の経営目的は，過去の株価にこだわらず，現在および将来の株価を上昇させることである。

　不特定多数の投資家が売買を繰り返すたびに，プリンシパルとしての所有者が入れ替わる。このため，執行を託された経営者は，投資家向けに適切な情報を提供し続けなければならない。情報の恣意的な操作で株主の売買を左右することがあれば，株主は誤った評価をすることになる。それは資源配分の失敗である。情報開示に消極的な企業は，株主のガバナンス・コストを上昇させ，株価の低迷に導く。株式会社の経営者は，社会の富を毀損させないために，正しい情報を開示しなければならない。その情報を解釈するのは個々の株主の責任である。

4　株式会社組織の拡大と標準化

　株式市場の形成は，利潤の客観的評価に導く。主観的利潤が客観的利潤として評価されるのは，個人の思いに多数の人間が共感した

結果である。市場との差異化が企業組織の存続理由であるとすれば，株式市場は差異化した企業組織を一挙に市場標準にする。大規模な資本調達により企業組織が拡大し，模倣者の参入の前に市場を占拠することができる。この種の市場標準は，多数の企業が類似事業に参入するのではなく，独占企業や少数の寡占的企業の市場が成立する。起業と組織の選択である。

市場における需要と供給が企業組織内の需要予測と生産管理に置き換わり，さらには需要を喚起するさまざまなマーケティング手法が考案されていく。多様な管理技術や経営学，そしてビジネススクールやコンサルティング会社の誕生と発展は，株式会社の歴史である。それらは企業組織の規模を拡大するための社会的な装置になっている。

この企業組織の拡大が市場の取引コストに起因しているのであれば，それは社会的富の増大と結びついている。しかし，企業組織の拡大が，特定の権力に拠るものであれば，最適資源配分とはならない。株式会社の権力者には，需要と供給の情報が集中し，その管理と意思決定から独占的な利益を享受することが可能になる。

権力により利益を享受できる主体は，株主とは限らない。市場の独占に基づく超過利潤を株主に配分せず，経営者が独り占めすることもできる。あるいは，経営者と従業員で分けることも可能である。こうした事態は，巨大株式会社の経営報酬や従業員給与を高くする。株主のリスクに対する報酬が蔑ろにされ，経営者や従業員が不特定多数の零細な資本家の所得を収奪する。

成長リスクを負う株主と成熟段階の株主の所得に差がなければ，大企業の新規事業は資本家にとって価値がない。巨大株式会社の経営者や従業員が成長リスクを敬遠し，みずからの利益を優先し，株

主に背く意思決定や活動をすることは株式会社を衰退させる。それは，株式会社制度が抱える独占や寡占のデメリットである。

　競争が制限されれば，私的財産の増加が社会の財産の増加に結びつかない。そのため，国家が株式会社に介入し，独占を規制することになる。国家の利益と株式会社の利益が相反し，それぞれの統治構造に矛盾が生まれる。

　独占的な株式会社の活動規制は，利潤の獲得機会を奪う。企業の市場占有率が高く，その活動が成熟化すると年々のキャッシュフローは増加しなくなる。規制による活動制限とは投資活動の規制である。市場と組織の関係は変化せず，利潤の創出機会はなくなる。膨大な独占所得を稼ぎ，巨額な株式時価総額に達しても，将来の配当増加が期待されなければ株価は上昇しない。成長段階の株主が享受した超過利潤は消滅し，成熟段階の株主は資本コストを受け取るのみである。

　株式市場が株主の選択機会を拡大すると，株主は独占的企業に対する利潤追求の圧力を強める。なぜなら，株主にとっては，成熟した巨大企業も成長過程の小規模企業も，多数の投資対象の中の一銘柄に過ぎず，魅力的な成長企業が出現すれば，巨大独占企業の投資価値は相対的に低下するからである。巨大株式会社が安定したキャッシュフローを稼ぎ続けても，株主を組織につなぎとめるガバナンス・コストは上昇することになる。新たな事業への投資やM&Aによる規模拡大は，株式会社が組織規模の拡大を志向した結果である。

　国内の市場が飽和状態になれば，国内の統治機構を離脱し，海外市場を目指すことになる。国内市場が独占や寡占の状態であっても，グローバルな市場には競争環境があり，参入の余地が残っている。しかしながら，国境を越える財・サービスの供給は，国内市場とは

異なる問題を抱える。各国固有の文化や価値観，嗜好に応じた生産活動を行うには，コストの増加が伴う。輸出のみならず，生産活動の現地化は，さらにコストを増加させる。各国の法律や慣習の違い，経営管理手法，財務や人事の方法が異なるためである。

しかし，株主は容易に国境を越えることができる。国外に魅力的な収益機会が存在するとき，株主を当該企業に留めさせるためのガバナンス・コストは上昇するが，外部の収益機会を組織内部に取り込まねば組織の成長は見込めない。株式会社は，組織を拡大させるための利潤機会に投資し続けねばならない。

株式会社の組織の拡大は，グローバル市場における財・サービスの標準化に導く。デファクト・スタンダード（de facto standard）やデジュール・スタンダード（de jure standard）[3]となる財・サービスは，国境を越えて人々の生活を標準化する。誰もがスマートフォンで情報交換を行い，電子書籍で本を読む。株式会社組織の発展が，国内の市場ルールを制度化させるように，グローバル市場の制度を共通化させる。

財・サービスの取引ルールのみならず，国際会計基準（IFRS）や金融市場のルール，さらには会社法までも共通化の方向にある。その結果，株式会社の利潤は，グローバルな投資家市場における客観的な利潤の測定に向かう。株主は国内で経営や労働に従事しつつ，国境を越えることができる。経営者や労働者は国籍を持つが，株主は国籍が不問になる。

企業の活動は環境に依存する。企業を惹きつける魅力的な制度があれば，企業は国境を越える。制度間競争は，税制や会社法，その他の商法や諸規制などを標準化させ，市場の取引コストが低下する。市場競争のインフラ整備が共通市場を形成する一方で，国家間の資

本移動が活発化し,国家財産の変動を大きくする。富める国家と貧しい国家は,株式会社の参入と退出によって引き起こされる事態である。

　国境をまたぐ市場秩序の形成は,国内市場と同じくイノベーションの阻害要因となる。そもそもイノベーションは,旧秩序の破壊と新秩序の形成のために調整コストが必要になる。グローバル市場の標準化が進むことで,この調整コストは膨大なものとなる。例えば,ガソリンエンジンから電気自動車や燃料電池車への変更は,世界規模での調整コストを必要とする。

　調整コストが大きければ,成功により享受する社会の富は大きい。株式会社は,世界的規模で資本を調達するとともに,世界的な規模で資本を運用できる。株式会社の統治機構がグローバル標準になることで,国境を越えるM&Aや事業提携のコストは低下し,大規模なイノベーションの実行可能性が高まる。

5　株主の利潤と専門経営者の報酬

　起業家が資本家であり,経営者であり,かつ労働者であるような創業時には,組織を管理運営する専門経営者のノウハウは必要なかった。株式会社が組織化され,その規模が拡大するにつれて,事業領域に関する知識や技術のみならず,組織を管理運営するための技術が必要になる。単一の事業領域であっても,労働者を雇用し,外部資本を調達した組織的な生産活動になると,需要の予測と管理が必要になり,需要に応じた購買－生産－販売の管理が求められる。事業戦略やマーケティング戦略,差別化のための製品開発,そして人事や財務の仕事が誕生する。生産現場に従事する人の割合が減り,

管理運営部門の比重が増加してくる。

　事業の規模拡大と多角化の進行で，管理運営部門の仕事は増加するが，その割合は徐々に低下していき，管理運営の専門化と効率化が進展する。経営のトップは，実際の現場を見ることなく，組織内の人事考課や共通尺度である会計数値により評価することになる。

　この段階になると，経営専門家は各事業の詳細な内容を知る必要がなくなる。経営に関する専門的な知識に基づき，企業内組織に経営資源を割り振り，PDCAサイクルを回すことになる。各事業部の5W2Hと企業全体の戦略を調整し，将来の「あるべき姿」から長期戦略を練り，その実現のために10年後，5年後，3年後の準備状況に関する青写真をつくる。次年度の予算は，将来の「あるべき姿」を実現するための最初の一歩である。

　青写真には，1つの事業部で生産するラーメンのレシピの説明項目はない。秘伝のスープの作り方も必要ない。ハンバーガーレストランや焼肉店，居酒屋などの飲食事業の将来像とホテルなどの宿泊事業，さらには調理学校の事業計画が説明される。各事業を統括する責任者は，それぞれの事業に関する知識を有するが，その知識は商品知識の詳細ではなく，他部門との共通言語である会計数値が重視される。貨幣尺度で計画を策定し，経営資源の活動内容と成果が貨幣尺度で評価される。経営に関わる専門的な知識は，すべてが会計上の共通尺度で事業部の内外および企業全体の数値として総合され，他の企業との比較となる。

　経営者の言語は，現場の知識に関心のない株主の共通言語にもなり，経営者を評価することが可能になる。企業組織の拡大によって株主が託すエージェントは，こうした経営専門家である。ラーメン屋を起業した起業家的な才能でもない。管理運営を専門とする経営

者の能力は，代替可能性を有する専門知識である。特定の業種には固有の専門知識が必要であるが，大規模化した株式会社は，事業領域の異なる会社経営もキャリアとなる。経営者市場が形成され，株主の利益を代理する人材として価格づけされる。それは，経営者の高額報酬として問題視されることになる[9]。

 当期純利益が1,000億円の上場企業の経営者報酬が100億円というと高いと感じる。一方，500万円の利益しか稼げない中小企業の経営者が，年収500万円を受け取るとき，その報酬は高いであろうか。経営者報酬は，株主の富に適う経営をしたか否かで評価される。ストック・オプションなどにより，株主と経営者の利害を一致させ，エージェンシー・コストを最小化する努力がなされている。

 株主の富は決算上の利益ではなく，株価が資本コストを上回る時に享受できる。経営者報酬は，労働者の賃金とは異なり，その対価は株価の増分に求められる。株価が将来キャッシュフロー（配当）の現在価値であるゆえ，株主の富に貢献する経営者報酬も株価と同様に金融資産価値の導出方法で求められる。もちろん，報酬の多寡を決めるのは株主であり，株式市場である。高すぎると判断すれば，株式を売却するか経営に口出しをすればよい。

 経営者報酬が金融資産の価値評価に基づくことで，従業員給与との格差が問題になる。従業員は，分業と協業の一翼を担い，財・サービスの生産により対価を得る。労働時間に対応した報酬である。生産に従事する従業員は，グローバル市場で準備可能になり，各国の賃金水準を基準に評価される。成熟社会の従業員給与は，新興国への生産移転により絶えず下方への圧力が働く。他方，経営者は，環境変化を認識して，将来にわたる期待キャッシュフローを増加させる。その現在価値は企業間の差異を生じ，上場会社の経営者の巨

額報酬を金融資産の形で実現する[10]。

　人的資源の移動には時間を要するが，資本移動はキーボード入力により瞬時に可能である。イノベーションがもたらす資本移動は，既存の事業とその従業員の価値を劣化させ，従業員に新たな職能へのキャッチアップを要求する。この実体としての組織の変化にかかる時間差に，企業間格差と経営者報酬の源泉がある。従業員の能力が資本と同様にタイムレスにキャッチアップできれば企業間の格差は拡大せず，経営者間の報酬格差も小さくなる。

　新しい知識や技術が国境を越えるとき，成熟した国の従業員が新興国の従業員に代替される。代替に必要な時間は参入障壁となり，起業家ならびに経営者と従業員の所得格差を大きくする。

　問題となるのは，高額報酬により，専門経営者の能力が十分に発揮されない可能性である。短期間の高額報酬は，長期にわたる経営努力を引き出さない。経営者は，長期の戦略より短期の経営成果に関心を持つようになる。利潤源泉と認識しつつも，組織内の軋轢が生じるイノベーションには消極的になる。組織内の軋轢は短期間では収拾がつかない。経営者は，難しい仕事をせずに，短期間で交代する可能性が高くなる。

　株式会社のガバナンスが組織の拡大に向く制度設計であれば，イノベーションに向く組織ではない。株式会社の組織が拡大し，経営者は起業家的統治者からマネジメント的統治者に代わる。株主の関心は，もっぱら流通市場の株価となる。イノベーションの芽が生まれれば，ガバナンス・コストが上昇し，組織の拡張は止まる。したがって，株式会社は内部組織におけるイノベーションを抑制するが，他方，ベンチャーとなるような組織外の新たな起業活動は，新株発行増資を行う起業家的統治者が必要となる。

6　株式市場型社会と銀行依存型社会

　家計の貯蓄は，その多くを現金・預金，国債や社債，株式などの金融資産の形で所有される（図9－1）[11]。この金融資産に占める株式の比率が高い社会を株式市場型社会と定義し，現金・預金の比率が高い社会を銀行依存型社会とする。前者は，企業の株式所有比率に占める個人株主の比率が高く，株主個々人がみずからの財産を管理する意識が高い。その代表的社会は米国である。後者は，機関投資家や法人株主の比率が高くなり，家計は銀行や事業法人を介した間接的な株主となる。株式市場型社会では日々の株価動向に強い関心が向けられ，個々の株主が経営者を監視する。他方，銀行依存

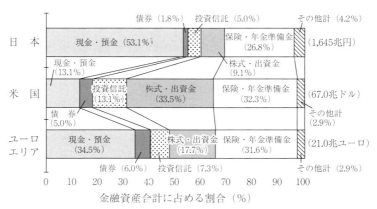

図9－1　家計の資産構成

＊「その他計」は，金融資産合計から，「現金・預金」，「債券」，「投資信託」，「株式・出資金」，「保険・年金準備金」を控除した残差。
出所：日本銀行統計局「資金循環の日米欧比較」（2014）。

型社会では株価への関心は相対的に低く，個々の株主による経営参加意識は薄い。戦後の高度経済成長期の日本は，典型的な銀行依存型社会であった。

　株式会社の最大の特徴は，新株発行増資による大規模な資金調達を可能にする点である。しかし，新株発行増資は，頻繁に行うものではない。ベンチャーなどの成長企業が上場して新規株式公開（IPO）をする場合や財務体質を強化するため，株価が高い金融緩和の時期に集中する[12]。市場に魅力的な収益機会が乏しいため，起業家コストの低下している時期である。

　投資計画の基本は，$NPV \geq 0$ の提案である。しかし，株価が低迷しているときには，投資に必要な資金を調達するために，多くの新株を発行しなければならず，既存株主の権利を希薄化することになる。発行済み株式数が10万株で，株式時価総額が100億円であれば，1株の株価は10万円である。新たな経営戦略の提案なしに新株を10万株発行すると，1株の株価は5万円に下落する。しかも，経営参加権も半分になる。新株発行増資のタイミングを誤ると，既存株主の富が損なわれる。したがって，既存株主の富を重視すると，新株発行増資は消極的となる[13]。

　新株発行増資が特別な事態であるとすれば，株主の日常的な関心は流通市場の株価動向になる。流通市場の売買高や株価の動きは，直接的には，企業の資金調達に関係しない。しかし，株価が低迷すれば，株主による経営者への統治が強まり，経営者の自由裁量権が制限される。敵対的買収の危険が高まり，その成功は経営者の更迭を意味する。それゆえ，株式市場型企業の経営者は，みずからの地位を守るためにも，株価の上昇を使命と考える。

　家計貯蓄の多くが株式市場に流入する株式市場型社会では，発行

市場への流入が少なければ，株式の所有権が移転するだけで企業の投資資金とはならない。家計の株式投資が家計貯蓄を増やしたとしても，流通市場の売買は企業の資金調達と投資活動に関係しない。所与の発行済み株式に対する新たな需要が株価を押し上げると，株価上昇による資産効果が消費を刺激し，GDPに占める消費の割合は増える可能性がある。株の売買を繰り返し，既存株式の資産価値が上昇しても，貯蓄が企業の投資に向かわなければ，社会の生産能力に変化は生まれず，消費財価格が上昇する。

　こうした経済活動は，消費財に従事する企業組織を増加させ，資本財に携わる企業組織を減少させる。社会全体の資本財生産が少なければ過少投資となり，資本利益率（ROA）は高くなる。株式市場に流入する家計貯蓄は，利益率の高さが呼び水となり，新たな株式需要となって，さらに株価を吊り上げる。株主は，株価の上昇を快く感じ，この統治構造を受け入れる。しかし，消費財の需要は所得に依存する。過少投資による生産性の低下が所得の成長にブレーキをかけ，株価を調整に向かわせる[14]。

　他方，家計の貯蓄が銀行を経由する場合，銀行は企業への貸出しに積極的になる[15]。銀行からの資金は，株式流通市場における売買と異なり，生産設備などの投資活動に向かう。そのため，銀行経由の資金は，過剰な投資の誘因となる。資本財の生産者を増やし，社会全体の資本蓄積は進むが，過剰投資により個々の企業のROAは低迷する[16]。市場の平均的ROAの低下は，資本家の機会費用を引き下げるため，資本コストを低下させる。銀行依存型社会は，株式市場型社会に比べて資本コストが相対的に低くなる。ROAの低下が銀行の貸出金利以下に下がるとき，倒産の増加と銀行の不良債権が問題視される。

株式市場型社会の企業と銀行依存型社会における企業は，帳簿上の資本構成が類似した割合（株主資本と負債の比率）であっても，前者は過少投資の傾向を持ち，後者は過剰投資の危険をはらむ。両者の売上に対する資産規模は異なることになる。

　資本主義社会は，常に景気循環を経験する。株式市場型社会では，景気循環は株価の上昇と下落により調整される。調整局面では株主の富が失われるが，債務が少なければ倒産の確率は少ない。売上の低迷期間に支払わねばならない固定的な利息が少なければ，事業再編による敗者復活が容易になるが，資本コストを稼ぐことのできない赤字企業を存続させることになる。

　他方，銀行依存型社会では，景気低迷期に多くの固定的な支払利息が残る。事業の失敗は，債務不履行による市場からの早期退去を求められる。返済可能な企業でも，返済期間にわたり収益を生まない事業が阻害要因となり，再建に時間がかかることになる。この間，魅力的な事業計画があっても，新規の借入は難しい。

　経済の新陳代謝は，新旧事業の交代という側面でも比較される。株式市場型社会は，新規事業の上場に向いており，ベンチャーを育成しやすい。既存企業の株価が上昇し，株式投資収益率が低下すると，株主は新たな魅力的な投資機会を探し始める。株価上昇による資本コストの低下が起業家コストを低下させ，リスクの高いベンチャー投資に追い風となる。

　ベンチャーの成功は高いリターンを期待させるが，損失の下限は投資額に限られる。資本市場に分散投資する投資家にとって，自身のポートフォリオにベンチャーを組み入れることは魅力的資産運用である。そうした投資家が，IPO企業の成長を加速させる。成長過程にある企業の実現利益は相対的に少なく，キャッシュフローはし

ばらくの間マイナスとなる。しかし，将来の成長期待が企業価値を高め，多くの経営資源を一挙に集中させる。株式市場の投資家は，選択と集中により高いリターンを得る企業を選好する。企業が多角化してリターンを安定化させなくとも，株主自身のポートフォリオでリスク分散が可能なためである。

　他方，銀行依存型社会では，銀行の引き受けるリスクが限られているために，ベンチャーなどの投資活動は停滞する。銀行貸出は，元本と約定利息の回収を目的としており，ベンチャーへの融資はリスクに見合わない。銀行貸出は慎重であり，成長の期待があっても，その速さは緩慢なものとなる。倒産リスクを抱え，その見返りに多額のリターンを期待するには，融資ではなく有限責任の出資となる。銀行貸出は，独立した新規の起業ではなく，既存の企業内起業に適している。既存企業の組織は拡大し，組織内の多角化がリスクを分散する。

　これまでの議論からわかるように，経済発展は既存企業から新興企業への資源の再分配である。新興企業への成長資金の流入は重要であるが，当該企業が長期にわたり存続する成功確率は高くない。新興企業がIPOによる増資で巨額資金を調達しても，人材育成には時間がかかるし，魅力的な投資機会は稀有である。他方，成熟した大企業には優れた人材や信用ある企業間取引が行われており，組織的な企業運営がなされている。株式市場型社会が新興企業のIPOに過度な期待を寄せれば，新旧企業間の誤った資源分配に導く恐れがある。

　株式市場型社会では，新規事業の創造は新しい法人の誕生であり，銀行依存型社会では既存組織の拡大である。前者は既存の法人が消滅し，後者は既存事業の破壊を伴う。したがって，株式依存型社会

では,新しい雇用と同時に失業者をもたらすため失業率は高くなる。高い失業率が社会不安に結びつかないようにするため,労働市場の流動性を確保することが求められる。失業率が高くとも,失業期間が短ければ大きな問題にはならない。労働市場では経験者が優遇され,企業は即戦略となる人材を求める。

他方,銀行依存型社会では,既存組織内の異動という内部労働市場が発達する。組織の縮小を迫られるときに失業者が発生するが,外部労働市場の活用が少なければ,市場の整備は遅れ,流動性は低くなる。組織内労働市場は,組織の拡張や再構築に際して,従業員を異動させねばならない。人材育成のコストは企業が負担するため,ROAの下方への圧力が働く。

7　株式会社と格差社会

株式会社は,財・サービス市場における顧客の1円1票を予想することで,その活動を準備する。それゆえ,株主の権利も1円1票を原則とする。財・サービス市場の売上は家計所得に依存するが,低所得者の投票権は少ない。売上に貢献することが投票権の行使なのである。生産の決定権は,株式市場における株主の投票で決まる。株主は将来の消費者の代理人として投票しており,株主の票を得られなければ,企業の資本調達は困難になり,生産準備が整わない。

株式会社は,株主の富と国富が整合的であるという前提で設計されている。しかし,1円1票の株主権は,有限責任である。損失の下限はゼロで,利潤の上限は無限大である。株主権の価値(株主の富)は,有限責任制を前提とする将来キャッシュフローの資本還元価値,すなわち株価によって評価される。将来の所得を一括して先

取りする株主は,無限大の富とゼロの損失を秤にかける。株式投資は,損失リスクを債権者に負担させながら利得を受け取る仕組みであり,成功企業に先行投資した幸運な株主は,遅れて参入する不特定多数の投資家の犠牲の上に富を構築する。

そもそも,株式市場の形成とその成長には,所得格差が必要である。所得格差の有無が株式市場型社会と銀行依存型社会の分岐を決める。例えば,1,000人のすべての世帯が100万円の貯蓄を持つ平等な社会と,所得の上位10人が貯蓄をし,残りの990人の貯蓄がゼロの社会を比較してみよう。貯蓄総額は同じ10億円であるが,家計の金融資産の所有分布に相違が生まれる。100万円の貯蓄は,そのほとんどすべてが銀行預金などのリスクのない金融資産となるが,1億円を貯蓄する人は,必要最低限の安全資産を確保すれば,残りは株式などの危険資産に分散投資する。貯蓄が増加しても安全資産の額は増加せず,危険資産の所有比率が増加していく[17]。

すべての世帯の所得水準が上昇すると,貯蓄の増加に伴い株式投資への流れが生まれる。銀行預金も増加するが,株式投資の増加率が高まってくる。したがって,銀行依存型社会の1人当たり所得が成長すると,次第に株式市場型社会に移行することになる。銀行支配から株主支配に移行すれば,元本と利息を回収する安定的な低所得より,所得の上限がない不安定な高所得を期待する。それは数の少ない幸運な投資家と不特定多数の一般投資家との格差を受け入れることでもある。

株式市場型社会は,所得と富の格差を生み出す構造である。巨額の利潤を獲得できる株式への投資は偶然である。先見性があるというのは結果を知っているからである。こうした株主の幸運は,起業家の努力と成功に基づくものであり,リスクの高いイノベーション

や選択と集中がもたらす大きなリターンに期待したものである。

　株式市場型社会は，IPOにより企業の成長を後押しする。他の投資に回される予定の資金がIPO企業に供給され，経営資源を集中させる。銀行借入に依存した投資計画に比較すると，計画期間は短縮化され一挙に実現する。10年かかる計画が1年で達成されれば，利益は10倍になる。IPOの結果，マイクロソフトや楽天，そしてGoogleやフェイスブックの創設者に莫大な富がもたらされた。豊富なキャッシュフローの存在は，起業家の行動をさらに大胆にし，多くの新規事業への投資やM&Aが行われる。新規事業の成否は，失業者の増減となって表面化する。

　一方，既存事業は，選択と集中による組織の拡大に向かう。1つの事業に集中することで，経営の効率化を達成するためである。企業組織内の多角化は敬遠され，組織を特化させることが求められる。経営者や従業員の知識や経験が深化し，事業の競争力は高まる。組織内多角化による事業リスクの分散は，株式市場における分散投資が代替する。単一事業への集中投資は高いリスクとリターンを期待するが，リスクが現実になるとき，組織のリストラが失業者をもたらすことになる。失業の状態化は，既存従業員の給与を抑制する役割を持つ。

　社会が期待するイノベーションや選択と集中による効率経営は，失業のリスクを高めている。株主の利潤を確保するには，余剰な経営資源を持たないことが必要である。固定的な支出を避け，収入に応じた変動的支出が求められる。従業員の固定的支出を減らすために，パートやアルバイト，派遣などの労働契約が工夫される。幸運な株主と高額の報酬を得る経営者とは裏腹に，一般従業員の給与は上昇を抑えられ，格差が拡大していく。

成熟社会における失業と所得格差は，アメリカのみならず，ヨーロッパや日本にも共通するところである。日本の失業率は90年の2％台から上昇傾向を示し，95年には3.2％，2000年から2012年までの期間では4.0％〜5.1％の範囲にある[18]。しかし，同期間のアメリカは4.0％〜9.6％，カナダは6.1％〜8.3％，イギリスは5.0％〜10.7％，そして，欧州ではドイツが5.5％〜11.1％，フランスは7.4％〜10.0％と日本に比べて高い値となる[19]。

　アメリカは失業率が高いが，比較的短期間で再就職ができる社会である。他方，ユーロ圏諸国は失業率も高く，比較的長期の失業者がいる。株式市場型社会は，株主の利益を優先するため，景気の変動に応じて失業者が増える傾向を持つ。失業率の高さは，資産効率を高める株主市場型社会の傾向を示すが，景気変動に対する失業率の変化も重要な評価尺度となる。

　失業率の変化については，標準偏差を平均値で除した変動係数により比較する必要がある。変動係数は，日本0.131，アメリカ0.312，カナダ0.104，イギリス0.193，ドイツ0.202，フランス0.119となった。アメリカとイギリスが株式市場型社会であることは，推測した通りである。しかし，ユーロ圏で優等生のドイツも景気変動を雇用で吸収しており，株式市場型社会とみなすべき特徴を示した。失業率の高さと変動係数をみると，格差を伴う株式市場型社会へ移行していると判断できる。

　ジニ係数は，所得分配の不平等さを示す指標である。0であれば完全に同じ所得が分配される社会であり，1に近づくほど不平等になる。失業率が高くとも，社会保障などによる所得再分配政策により所得の不平等が小さくなれば，ジニ係数を低くすることができる。

しかし,平等に対する判断は,社会的な価値観に依存する。所得や財産管理の自己責任を原則とする私有財産制度では,所得の完全なる平等は資本主義の理念と衝突し,市場や株式会社の存在意義が問われることになる。年収100万円の世帯が99軒で,1軒だけ10億円の収入というのは問題であるが,99軒が1,000万円の収入で,1軒が100億円の収入というのであれば,同じジニ係数でも歓迎される。100万円の世帯が100軒という社会は,平等であるが好ましくない。

問題となるのは,長期にわたり職に就けず,生活に困窮する失業者が増加する事態や,生活費は工面できても社会に疎外感を持ち,生きる希望を失う人々が増加することである。これらは社会不安となり,国家のガバナンス・コストを上昇させることになる。

ジニ係数は,多くの国で上昇傾向にある。アメリカは,1980年代半ばの0.34から2010年には0.38に上昇した。カナダは0.28から0.32に,ドイツは0.25から0.29にそれぞれ上昇した[20]。その他の国々では,オーストラリアが85年の0.29から03年に0.31,スウェーデンは81年の0.20から05年に0.24に上昇している[21]。日本も例外ではなく,85年の0.25から上昇傾向を示し,2000年代に入ると0.34まで上昇した[22]。ジニ係数の上昇傾向にある国は,株式市場型社会に移行しつつあると仮定する。

8 株式会社の問題点

株式会社に対する当初からの批判は,有限責任の株主が債務の責任を履行しないという問題点に加え,専門経営者が株主のエージェントとしてその役割を果たさないというエージェンシー問題であ

る。この株主と経営者の潜在的な利害対立は，株式会社が誕生した当初からの基本的な問題であった[23]。しかし，世界の経済を支配する企業形態は，そのほとんどが株式会社である。西洋文明を凌駕した中国やイスラム諸国は，株式会社の導入に取り残されたことで成長から取り残されたが，明治維新後に会社制度を導入した日本は経済的に成功した[24]。

　株式会社は，株式市場に上場することで，不特定多数の資本を調達し，大規模な資本主義的企業組織を経営するための制度的な工夫である。しかし，上場に伴う所有と経営の分離は，エージェンシー・コストや取引コストの原因となる。そのため，上場する企業は，マスマーケットで事業展開する成長企業やすでに成長した大企業に限られる。しかも，大企業のすべてが上場するとは限らない。ガバナンス・コストの上昇が危惧されれば，統治者は上場を望まないからである。

　意外なことに，日本企業は欧州企業に比較して上場の割合が高い。日本は株式市場型社会とはいえないが，欧州の大企業の多くは株式を公開せず，一部の支配株主による経営を志向する。こうした所有構造の相違は，国家による株式会社の法的枠組みを多様化させている。

　取締役会の中に統治機能と執行機能を持つ単層式取締役会や，業務の執行と監督を分離する二層式取締役会を採用する国がある。単層式取締役会も二層式取締役会も，その統治の仕組みには差異がある。米国の企業統治や欧州の企業統治，従業員参加型のドイツの企業統治など，企業の歴史的な生い立ちや社会構造により多様である。階級社会の残滓のある国や，かつて社会主義国であった国々には，その影響を受けた企業統治構造がある[25]。しかし，いずれの株式

会社も，株主は主権者であり，株主総会を最高の意思決定機関としている。

　財・サービス市場が1円1票で資源配分する統治制度であるように，株主の投票権も1円の投資に対して1票の権利を有し，企業を統治する権限が与えられている。現在の資源配分は，将来の資源配分と整合的である。しかし，あるべき資源配分は社会の価値観に依存する。1円1票の市場の価値観と1人1票の社会の価値観に乖離が生じると，ガバナンス・コストは上昇する。貧困世帯の必需品は，株主の将来キャッシュフローに貢献しなければ生産されない。また，特殊株の発行などにより，特定の経営者や支配株主の価値観が企業の意思決定を支配することで，社会の価値観がコントロールされる可能性がある。このような構造が，不特定多数の株主や社会の富を収奪することがあれば，ガバナンス・コストの上昇を招き，修正を迫られることになる[26]。

　単層式取締役会も二層式も，経営戦略の監督と執行を分離する権力の分散の仕組みであり，株式会社の経営が株主の財産価値（富）の最大化に導くように設計される。株主の富最大化が客観的な利潤として不特定多数の株主の富を最大化させる一方，社会的富の最大化につながらなければ，この統治構造は破綻する。

　国政における選挙制度の問題と同じく，取締役の選出方法は企業統治の要諦である。実質的に株主総会が形骸化し，取締役の選出が株主の意向に沿わない仕組みであれば，株式会社の仕組みは変更を迫られることになる。国民の意向を無視した政治家が国家を蝕むのと同じく，株主の富を無視した経営者が株式会社の価値を損なうことになる。しかし，国政が一部のマスコミに扇動されるように，不特定多数の株式市場は誤った経営を容認する可能性もある。選挙の

失敗と同じように資本市場の失敗は，資源配分を誤らせることになる。

　株式会社という制度は，常にその組織を拡大させるエネルギーを持つ。組織の拡大に成功すると利潤を享受し，失敗したとき損失を被る。それは株主の私有財産の増減により清算される仕組みである。しかし，株主のリスク負担は有限であり，享受するリターンの可能性は無限大である。この有限責任制に基づく将来利潤の一括先取りが，富と所得の格差をもたらしている。

　富と所得の格差は，私有財産制度の帰結である。私有財産の中身は生産の準備活動であり，そこには有形資産のみならず雇用される従業員も含まれる。雇用の増大は国家の富に貢献するが，雇用調整による失業は国家の富を毀損する。

　組織の拡大が海外に向かう時も，国内の雇用は増えない。株式会社が多国籍化すると，株主も多国籍化し，特定の国家の富と多国籍化した株主の富は整合性を持たなくなる。国家と企業の関係，国家統治と企業統治の問題は，グローバル経済における重要な問題である。

　国家の富を維持し，これを高めるために，企業の統治機構は頻繁に変更を迫られてきた。国家統治の矛盾を解決するために，商法や会社法の改正が行われる。現在では，取締役会設置会社や監査役会設置会社，委員会設置会社など，欧米の経営機構を参考にしながら，多様な統治機構が選択できるようになっている。他方で，企業の統治機構に関するグローバル化も進展している。国益と私有財産の関係に向き合わねばならない。

【注】

(1) 起業家と経営者の機能は異なるが,企業創業者の多くは,創業後の企業の経営に携わる。

(2) 経済的耐用年数は,物理的に利用可能な期間ではなく,収入を期待できる期間である。

(3) 資本の回収期間は,資本の回転期間(売上高/資本)に関係する。その値は業種により異なる。

(4) 上場基準は,商品の質を評価する判断基準のようなものである。純資産額や時価総額,利益額,株主数,株式数などで取引する市場(東証1部や2部,マザーズなど)が決まると,投資家の選択範囲は狭まり,投資家の取引が円滑に行われる。

(5) 個人事業主が1億円の工場を建設すれば,その工場が稼ぐキャッシュフローのリスクを引き受けねばならない。他方,1億円の株式投資は,多様な事業を行う多数銘柄に分散投資できる。

(6) Berle, A.A. & G.C. Means (1932).

(7) 市場の効率性が確保され,新たな情報が入手されると,株価は相対的価値変化を示すために変動する。こうした市場価格の変動リスクは,証券市場が整備され,分散投資が可能になることで削減される。分散投資に関しては,Markowitz, H. (1952),市場の効率性に関しては,Fama, E.F. (1965), (1970) を参照されよ。

また,株価は投資計画以外の環境変化によっても変化する。こうした問題を解決する方法にイベントスタディがある。投資計画の公表をイベントとみなし,イベント以前の正常な株式投資収益率を想定して,これを当該企業の株主資本コストとする。日々の株式投資収益率は,正常株式投資収益率+異常株式投資収益率で構成されるが,市場モデルでは,マーケットポートフォリオの投資収益率(日経225や TOPIX などを代理変数とする)との関係の中で以下のように評価される。

$R_{it} = \hat{\alpha}_i + \hat{\beta}_i R_{mt} + AR_{it}$

R_{it}:i 銘柄の t 期における株式投資収益率

R_{mt}:t 期のマーケットポートフォリオの収益率(TOPIX などの収益率)

AR_{it}：i 銘柄の t 期における異常収益率

$\hat{\alpha}_i + \hat{\beta}_i R_{mt}$：正常収益率

$\hat{\alpha}_i$：切片

$\hat{\beta}_i$：傾き（ベータ値）

　定められた期間，例えば，イベント公表日前の40日間などで正常収益率を計算し，イベント前後における異常収益率を測定して，その累積異常収益率を求める。投資計画を原因とした株価上昇であれば，累積超過収益率が確認される。しかしながら，この方法でも，過去の情報を反映した正常収益率の計算となる。Campbell, J. Y., A. W. Lo, and MacKinlay, A.C. (1997). (祝迫・大橋・中村・本田・和田訳 (2003) 第4章) を参照。

(8)　デファクト・スタンダードは事実上の標準であり，競争市場の結果，市場のシェアが拡大して標準的な財・サービスとなる。他方，デジュール・スタンダードは，公的な標準化組織が決めるもので，電気自動車の充電施設や燃料電池車の規格などは，こうした標準化が必要になる。

(9)　2011年3月期には上場企業の170社294人が1億円以上の報酬となり，上位50社では，役員報酬と従業員の平均賃金の差が23倍に達した。ちなみに，日産のCEOゴーンの報酬は，従業員の平均収入の142倍である。丸山恵也 (2012) pp.1-22, 参照。

(10)　1980年のアメリカの所得分布上位1％は総所得の8％を占めていたが，2004年には上位0.1％が7％を占め，上位1％は16％になった。高額所得上位5人までの役員所得は90年代半ばまで，企業収益全体の5％を受け取っていたが，2000年代に入ると10％になっている。50年代から70年代までのCEOと平均的従業員の所得差は25倍から30倍であったが，70年代以降格差は広がり始め，大会社では80年に40倍，90年には100倍，2001年には350倍になっている。2005年のウォルマートのCEOは900倍の格差である。80年から2003年までのアメリカの上位500社の平均企業価値はインフレ調整済みで6倍になったが，CEOの平均報酬も6倍になった。Cf., Robert B. Reich, 邦訳 (2008) pp.144-151。

(11)　家計の金融資産構成の日米欧比較を見ると，銀行依存型社会の日本は，

現金・預金53％，株式・出資9.1％，投資信託4.8％（2014年3月末）であり，株式市場型社会の米国は，現金・預金12.9％，株式・出資33.3％，投資信託12.1％（2014年3月末）と対照的な数値になる。その中間は，ユーロ圏であり，現金・預金35.2％，株式・出資16.9％，投資信託7.2％（2013年12月末）となる。日本銀行統計局（2014）参照。

(12)　財務体質の強化は，増資により借入金の返済などが行われる。金融緩和時は，銀行に返済された資金が行き場を失い，さらなる金利低下に導く。

(13)　$NPV≥0$ の投資計画を新株発行増資で賄えば，既存株主の利益は確保できるが，経営参加権の希薄化は避けられない。

(14)　株式市場型社会の企業がレバレッジ（負債）利用を抑制するということではない。銀行借入を利用できる企業は，節税効果や自己株式取得による株価上昇を意図する。

(15)　企業の借入需要が減れば，住宅ローンや自動車などの耐久消費財として家計向けの貸出しが増加する。

(16)　一般に，借入によるレバレッジ効果は株主資本利益率（ROE）の上昇に貢献するが，過剰投資を原因とする低ROAは資本コスト自体を引き下げており，ROEの上昇につながらない。

(17)　富裕層を除く個人単位での日米比較では，金融資産の構成にほとんど差がないという研究がある。日本は貯蓄額4,000万円以上（上位10.5％以上）を除き，米国は純資産上位10％を除いた層で比較すると，両者には差が見られない。また，金融資産は，所得階層の上位に集中するが，日本では上位20％が6割を保有するのに対し，米国は上位25％が8割を保有する。特にアメリカの株式投資の97％は，純資産の上位25％の層に依るという。小池拓自（2009）pp.69-70参照。

(18)　厚生労働省（2012-a），（2012-b）および労働政策研究・研修機構（2012）参照。

(19)　労働政策研究・研修機構（2012），「世界の統計2009」「世界の統計2014」およびグローバルノート国際統計・国際比較専門サイト参照。

(20)　2014年2月27日のロイターによると，ドイツ経済研究所はドイツにおける富の分布状況がユーロ圏諸国で最も不平等になっているという調査

結果を報告した。
(21) イギリスは0.34から0.35の範囲にあり，フランスは0.30と0.29の間にあり，特に上昇傾向は示していない。「世界の統計2009」「世界の統計2014」およびグローバルノート国際統計・国際比較専門サイト参照。
(22) 総務省(2)および(3)。
(23) Micklethwait, J. and Wooldridge, A. (2003), 邦訳書（2006）pp.12-14参照。初期の東インド会社は，裁判所や議会の実力者で構成される株主総会で取締役を選び，日常的管理を委任する二層構造の組織を考案した。会社の利益は，海外の貿易所や工場の成否に関わった。取締役会は，株主の利益に反しないよう大株主の子息を高給で雇用し，その管理の職に就けた（pp.46-47参照）。アダム・スミスは，特許会社が独占権を持つことと，雇用経営者は所有経営者ほど「細心の注意」を払わないため，過失と濫費が横行すると考えていた（pp.60-61）。
(24) Micklethwait, J. and Wooldridge, A. (2003), 邦訳書（2006）pp.18-19参照。米国では，18世紀後半まで営利会社がなく，特許会社により大学，銀行，教会，運河，市役所，道路などが整備された。同上翻訳書pp.71-72参照。
(25) EUの拡大は，各国の企業統治のあり方を収斂させるが，米国の州法と同じく，欧州各国がそれぞれの主権国家を堅持する限り，企業統治形態には差が残ることになる。
(26) 国によっては，複数の議決権を有する株を発行できる制度がある。グーグルが無議決権株や10倍の議決権を有する特殊株を発行し，創業経営者の支配権を強化したのは記憶に新しい。

第10章
変遷する日本のガバナンス

1　戦時体制のガバナンス

　世界史や日本史の教科書に載る内容は，どれも国家のガバナンスに関わることである。土器の発掘も，古墳の調査も，当時の生活様式や統治の仕組みを知る上で重要である。聖徳太子の冠位十二階や十七条憲法，四天王寺や法隆寺の建立も国家統治に関する時代考証である。大政奉還による明治維新は，日本の統治機構の大変革であった。近代の日本資本主義形成は，日清・日露戦争，第一次世界大戦，満州事変や日中戦争，第二次世界大戦という戦争の時代を経験している。戦争は，当事国のみならず周辺国の統治機構に強い影響を与える。

　日本にとって，第二次世界大戦の敗戦は憲法改正を含む統治機構の大転換である。しかし，大戦前夜から，世界の政治秩序は綻び始めており，植民地支配の問題から国境や国内統治の問題が顕在化し始めていた。1930年代には世界平和を維持するために設立された国際連盟から日本，ドイツ，イタリアが脱退するなど，世界の統治機構と各国家の統治機構は互いに変化し，ガバナンス・コストが上昇していた。

国家間の戦争は，双方のガバナンス・コストを上昇させるが，相対的に低いコストの国家が優勢になる。戦勝国は，敗戦国の統治機構に修正を迫る。国境のみならず，憲法や法律の修正，改変により下位組織のあり方に変化を迫る。

　戦時中の軍部主導による政治は，国家目的が戦争に勝利することであり，資源の多くが戦争のために費消される[1]。1937年に勃発した日中戦争は，中国全土に拡大し長期化の様相を呈する。近衛内閣は「挙国一致」「尽忠報国」「堅忍持久」といった国民精神総動員運動を展開し，この運動に強制力を持たせるために，1938年には「国家総動員法」を施行した。この法律は，日本の総力を戦争遂行に向けるため，政府は議会を経ずに国民のあらゆる活動に関して強い統制権限を持つことができる統制法規であった。執行機関の独裁を可能にする仕組みである。戦前の統治機構は，国家の権力基盤の変更により軍需産業のための仕組みに変えられ，国家の下位組織は企業を含めて5W2Hの再構築を迫られた。

　戦前の株主権限は相対的に強く，労働者が組織化を進める過程で，労使の対立が労働争議に発展しやすい構造を有していた。大株主が経営の一角を担い，株主主権に基づく企業運営がなされていた。景気後退期に株主の利益を優先した雇用調整が行われ，失業率が増加する傾向にあった。

　しかし，1935年に15％を占めていた大株主の役員は，統制経済下の42年に9％まで減少する。37年の「臨時資金調整法」により金融統制が強化され，39年に施行された「会社利益配当及資金融通令」と40年の「会社経理統制令」により利益処分と役員報酬が規制され，株主権を制限するようになる。それは，株式会社の統治機構を変えることにより，労使の対立構造を是正し，内部留保によ

る生産力増強を目的とするためである。

　国家による法律改正は，下位組織である企業の理念や目的，労使関係や所有構造を通じた権力構造に影響を及ぼす。それは，既存の統治者の修正で対応可能な問題と新たな統治者が必要になる場合に分けられる。

　この時期（1937年）に前年比で4倍の労働争議が起こり，その対応策として「産業報国会」という制度が考案される[2]。企業を統治する政府の目的は生産性の向上であり，労働争議はガバナンス・コストの上昇となる。事業所別に設置される産業報国会は，労使の衝突を防ぎ，企業の組織構成員が一体となって生産性向上に努める制度的な仕組みである。ホワイトカラーとブルーカラーの賃金格差を縮小させ，労使協調を目的に「従業員」という言葉が生まれる。従業員の発言機会は制度的に認められ，労働者組織率は40年末に70％に達した。その理念は，賃金格差が小さい日本的経営の特徴として，現在に至るまで影響を及ぼしている。

　軍部主導の統制経済は，民需から軍需への転換を図るため，生産要素市場の構造を変えることになる。徴兵制や志願兵が労働市場を歪め，資本は民間から軍需産業へ流れることになった。民需の統制は消費を圧縮することで，軍需産業の従事者を増やすことを意味する。1936〜40年に31.0％だった民間部門の貯蓄率は，41〜44年に54.8％に上昇している。

　平時であれば，消費財の生産を抑制すれば，家計の貯蓄増加は投資に向かい，民間企業の成長資金となる。しかし，この時期の貯蓄は，私的利潤を生まない軍需産業に振り向けられている。軍用品は，直接的な生産性の向上にはつながらない。民間へ流れる資金が減少し，消費財企業に関わる更新投資や拡張投資が抑制されることで，

企業価値は棄損していく。政府による利潤や配当に対する規制強化もあり、投資家の株式投資は敬遠され、企業の株価は下落していく。

政府は、株価対策として日本共同証券株式会社（1941年）を設立し、日本興業銀行が主導する株式購入により株価を維持しようと試みた[3]。しかし、株式価格を維持するための市場介入と軍需産業への資金配分は二律背反する。市場への政府介入は、価格機構を破壊するものであった。生産力の増強を目指す統制経済において、株主の地位は市場機能の劣化とともに失われ、政府の指導による金融機関が資金の流れを支配した。株式会社は、株主による統治ではなく、政府による統治となる。

内部留保による債務返済を除いた正味の外部資金調達では、（図10－1）が示すように株式発行による資金調達が減少し、民間金融機関からの借入が増加することになる。大企業の資金調達は、1931～35年の平均で外部資金に占める株式の割合は99.2％であっ

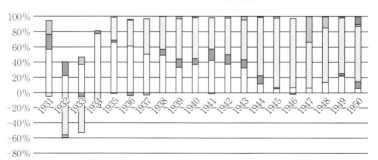

図10－1　正味外部資金調達

□株　式　■債　券　□民間金融機関借入　■政府金融機関借入　■日銀外為ローン

出所：日本銀行『経済統計年報』より作成。

たが，36〜40年では35％までに低下している[4]。そして，43年の「軍需会社法」の施行は，企業理念を変容させた。

1941年12月の英米開戦に始まり45年8月までの約4年間は，思想統制も強まり，社会の価値観は強制的な変更を迫られた。しかし，国民1人ひとりの意識がどの程度変化していたかは定かではない。この時期に教育を受けた若者にとっては大きな価値観の変化を経験したが，すでに成人となっていた社会人の価値観，とりわけ経営者のそれがどの程度変化したかを推測することは困難である。

戦争がもたらした結末は，蓄積してきた社会資本や民間資本の毀損であり，喪われた人々の知識や経験が無に帰した。過去の多くの労働価値が失われ，統制された価値観からの解放とGHQによる新たな価値観の形成が始まる。財閥解体に象徴される戦前・戦中の企業統治も変革の時を迎える。

2　メインバンクによるガバナンスと計画経済

戦後の復興は，終戦直後の闇市から脱却し，新たな取引のための秩序を構築することであり，経済の量的拡大を図ることが至上命題であった。軍需への資源配分がなくなり，民需への資源配分を機能させねばならない。衣食住の取引は，闇市のように自然発生的に生まれるが，国家の長期ビジョンを実現する資源配分は試行錯誤的な民間取引からは生まれない。

食糧事情の悪い時代に，石炭を採掘しても買い手がいない。鉄鉱石を採掘しても，高炉の燃料を調達できなければ製鉄所は操業できない。各個人は目先の生活しか設計できない現状にある。こうした環境下，自生的な市場形成による基幹産業の育成では時間がかかり，

取引コストが高くつく。政府によるガバナンスが民間企業のガバナンスよりも効果的であることが期待され，戦前・戦中の統制経済と類似した資源配分の手法がとられることになる。

　民需に対応するための生産力は圧倒的に不足しており，労働市場や金融資本市場は需給を調整できるだけの機能を整えていなかった。労働力と資本は，ともに超過需要の状態であった。地方から上京し，低賃金で長時間労働を行う未熟練の若い労働者は「金の卵」と称され，中小企業の生産活動を支えた。資本不足も深刻であり，大型の投資は単独の銀行で賄うことができず，銀行団を組成してシンジケート（syndicate）をつくり，協調融資が行われた。所得の絶対的な水準が低いため，国民生活におけるエンゲル係数は高く，貯蓄に回す余裕はわずかであった。消費財の生産に資源が集まり，資本財を生産する企業には十分な資金が回らない状況である。

　貯蓄の絶対的水準が低いため，銀行の経営基盤は脆弱であった。大蔵省や日銀は弱小金融機関の破綻を防ぎ，金融を安定化するための保護政策をとる。護送船団方式と称される金融行政は，金利をはじめとしたあらゆる銀行業務を規制し，資金の流れをコントロールしようとしたのである。金融市場は市場とは名ばかりであり，中央の官僚機構による計画的な資源配分に従っていた。市場によるガバナンスより国家組織によるガバナンスが選択されたのである。

　そのような政府の規制は，国家のビジョンと整合的であった。戦前に蓄積した資産の多くが壊滅的な被害を受け，新たな資本形成が急務であった。基幹産業を育成するため，政府・日銀の管理下で金利を規制し，政府系金融機関を中心とした計画的な資源配分が行われた。石炭，鉄鋼，肥料などの基幹産業に資源の重点的配分を行う傾斜生産方式により，消費財の生産は後回しになった。それは，軍

部主導の経済統制と同じく，日々の消費生活を節約させるための政府による強制貯蓄政策であった。

近視眼的な市場原理に従っていれば，基幹産業への資金配分は疎かになり，経済を発展させる基盤の形成は難しかったに違いない。株式市場に委ねる資源配分機能は，この時期の日本には不向きであった。経済は，国家による計画経済を柱として資源配分が行われ，民間企業の自由な資本調達や事業は制限されていた。

欧米にキャッチアップすることが国家の目的であれば，官僚主導の計画経済は市場経済より優れていたと思われる。戦争により破壊された生産手段の再形成のため，貯蓄が奨励され，零細な資本が銀行預金を通じて集められた。政府による基幹産業の育成策は，マル優制度などもあり，所得に対する貯蓄の割合（貯蓄率）を高めることに成功した。節約は美徳とされ，破壊された資本を速やかに再建する高い貯蓄率が要請された。

この時期，国民の絶対的な貯蓄（資本蓄積）水準は低く，財閥解体もあり大株主としてリスクを負担する資本家は存在しない。結果として，リスク資本を供給する株式市場からの調達ではなく，零細な資本家から少額な資金を調達する銀行預金や郵便貯金が利用された。

一方，戦後の財閥解体により財閥家族や持株会社から買い上げた政府所有の株式が，経済民主化運動の一環として市場に放出される。株式は一定の価格で一般家計に売却されるが，この運動が株式市場を混乱に導く。所有者別株式分布における個人株主の比率は，1945年に51.9％であったが，49年には69.1％に上昇している。また株主数も，167万4,000人から419万1,000人に激増した[5]。しかし，政府により作られた個人株主は，個々人の責任に基づきリスクを引

き受ける私有財産制度の実質を伴うものではなかった。

1949年3月に実施された,経済安定化とインフレ収束を目的としたドッジ・ライン (Dodge line) は株価を暴落させ,個人株主を中心とした株式市場は相場操縦による乗っ取り屋の活動で混乱することになる。企業の経営者は,支配権を守るために,銀行を中心とした企業集団内の株式持合い比率を高めることになる。

株式相互持合いは,1960年代の資本自由化に対する買収防衛策として,その割合を高め,メインバンク・システムと呼ぶべき企業集団のための統治機構が形成される[6]。自然人である個人株主を欠き,法人である銀行を中核として,法人相互が事業法人を統治する企業集団の統治構造が形成されていく。戦前の株式市場型社会は銀行依存型社会へと変化し,その基盤は強固なものとなる。

資本蓄積を急ぐ日本経済にとって,家計貯蓄が銀行を経由して企業の投資活動に向かう仕組みは理に適っていた。資本調達が制約される絶対的な資本不足の状態にあって,貸出先を決める銀行の影響力は強くなる。資金供給先の決定権は,企業の成長と発展を左右するものであり,社会の方向性にも影響を及ぼす。高度経済成長期のモデルは,銀行を頂点とするピラミッド型の金融支配の統治機構を構築していたのである。旧財閥系の銀行が同系列の商社やメーカーに資金を供給し,それぞれが下請けや孫請けを持つ企業集団ないし企業グループという銀行支配の統治機構である。

各企業の情報は,財務情報を中心にメインバンクに集中する。メインバンクは,株式会社の専門経営者が各組織を管理するように,グループ企業の中枢機能を果たすようになる。情報を管理する銀行は,グループ企業に資源を配分する統治者となる。

銀行に集まる預金はグループ内の大企業に貸し出され,設備投資

や株式持合いの原資となり，中小零細企業への貸出しは後回しとなった。大企業向け金利は低い水準に統制されていたが，中小企業向けの金利は歩積み両建てにより調整され，リスクに見合う高い金利を課していた[7]。その結果，資本集約型の大企業と労働集約型の中小零細企業という構造的特徴が維持され，中小零細企業から大企業への変貌は稀有であった。企業間の経済格差は構造的な問題として定着していたのである。大企業の組織成長は生産管理や経営管理を必要とし，生産性を高める一方，中小零細企業の経営管理技術は発展しなかった。

　終戦直後の混乱は，1960年の池田内閣による所得倍増計画により成長軌道に乗る。当時の経済社会は，欧米の産業を模倣するキャッチアップを目標としていた。国内には模倣による参入機会が十分存在していた。また，欧米で普及している財・サービスを低価格で輸出することは，貿易立国を目指す国家戦略にも適っていた。投資目的が明確であり，ニーズのある財・サービスの生産が行われる。ビジネスリスクは相対的に低く，資本を確保できれば成長が約束された。機械化した大規模な生産が，競争に勝つための条件となる時代である。それは銀行の支配力を強化する環境でもあった。

3　高度経済成長期の日本的経営とガバナンス

　日本の株式会社は，戦後の高度経済成長期から成熟期の長きにわたり，メインバンクや事業法人との間で株式相互持合いが行われていた。その結果，個人株主の経営参加権は蔑ろにされ，経営者みずからが経営者を決めるという経営者支配の状況にあった。経営専門職の市場が存在しないため，終身雇用制度の下で採用された従業員

から経営者が選抜される。年功序列賃金制度が主流の日本的雇用制度には，十分な人事評価メカニズムが機能しない。派閥人事や情実人事という言葉が誕生するように，職能的な関係ではなく，上司と部下の人間的関係が重視されることになる。

　取締役に就くことができるのは限られたエリートであるが，取締役の地位は従業員の最終的な到達点であり，株主から選出された意識は持たない。これは会社法の基本的な考え方とは乖離した実態であった。

　取締役会で選出される代表取締役は，従業員の出世頭であり，部長や課長はその部下である。代表取締役が，社内の業務に就く部下を取締役や監査役に任命する状況では，選出された取締役や監査役は，執行の任に当たる代表取締役を取り締まれない。取締役が代表取締役を取り締まれば，みずからの業務責任となって跳ね返る。こうした構造的問題は，取締役という経営者の市場と中間管理職や一般従業員の市場が分離せずに形成されたことに原因がある。

　キャッチアップ戦略は，目標が明確である。目指すべき問題が示されている社会に個性は必要ない。目標を正確かつ低コストで実現する人材が必要とされ，組織に忠実な集団志向的人材が求められた。しかし，戦後の企業の組織拡大は急速であり，しかも，ほとんどすべての業種が横並びで成長してきたため，経営管理職能を担う適切な人材を外部に求めることは困難であった。その結果，新卒を一括採用して自社で教育する方法が選択される。

　新卒一括採用は，従業員研修の教育コストを節約する仕組みである。管理部門の専門職経験者が不足しており，一括採用した新卒の従業員を育成するしかない。従業員を適材適所に配置するため，企業組織内部で異動を繰り返すという内部労働市場を形成する。労働

市場の高い取引コストを補うために，企業における職場内教育訓練（OJT：On-the-Job Training）が行われ，組織内人事を選好することになる。

　英米型の雇用制度では，労働市場で実務経験等を評価して雇用する。この雇用制度では，採用時点から能力評価が求められる。雇用者は，みずからの知識と経験を市場に問い，会社を変えることでキャリアアップを図る。会社を変えることは雇用条件の改善手段である[8]。しかし，新卒一括採用では能力の育成は企業の責任である。職能で採用していない以上，企業はローテーションによりさまざまな職種を経験させ，時間をかけた能力評価をしなければならない。一方，従業員は特定の職務能力を蓄積することができず，新しい部署に異動するたびに，ゼロからの経験となる。多様な職能を身に付けねばならないため，長期にわたり長時間労働を強いられることになる。

　こうしたシステムでは，個人の能力や成果による評価は難しく，各部署の業績評価に依存した人事考課になる。職務の効率性は劣るが，従業員は年齢を重ねるにつれて，さまざまな部署を経験し，専門的職能より全般的な経営能力を育成していく。大企業の雇用は，英米型のキャリアに基づく労働市場ではなく，組織内部の計画的人事となった。他方，人材育成コストを負担できない中小零細企業は，職務経験を有する中途採用に力を入れることになり，職能別の労働市場は中小零細企業向け市場となった。

　財閥解体後は，企業の成長と経営能力の成長は，資本との結びつきがないまま，従業員の自治により進むことになる。株式相互持合いにより資本から解放された企業組織内の人事は，従業員の相互監視と評価により進められ，稟議による分権的な意思決定システムを

作る。

　株主の代理人として選択される経営者ではなく，従業員の出世競争の結果として従業員代表が経営者となっていく。専門経営者の市場が存在しない以上，内部労働市場から登用するほかない。株式会社でありながら，実質的な資本供給を銀行に依存してきたため，株主を意識しない経営が行われることになる。キャッチアップ経営による低いビジネスリスクは，株主によるリスク負担という役割を無視させることができた。資本家との関係を意識しない，階級対立のない組織が構築される。取締役と一般従業員との所得格差が小さい日本的な統治構造を形成してきた。所有に基づく戦前のトップダウン型経営は，所有から切り離されたボトムアップ型経営へと変遷する。

　外部労働市場が未成熟な社会では，従業員は組織内に留まらざるを得ず，自然と組織への忠誠心が醸成される。権限の分散化は，思い切った組織の改革には向かないが，現場レベルの改革は現場の判断に委ねられる。大きなイノベーションではなく，プロセス・イノベーションが日本的経営の特徴となる。

　企業は経済の成長とともに新卒採用を増やし，ピラミッド型組織を拡大させた。組織を成長させる環境は，株式会社という制度に適していた。型にはまった生産技術や販売ノウハウは年齢とともに熟練し，所得は年功に応じて平等に分配される。職場の異動が企業の方針である以上，期待を上回る成果の実現は個人の職能ではなく，職場の能力である。能力評価や成果主義を掲げることもなく，給与と役職者の増加を可能にし，年功序列賃金制度と終身雇用神話，従業員出身の内部取締役制度を形成する。

　ところで，1950年代の末から60年代の初めにかけて，国民年金

法や国民健康保険法が制定される。国民皆保険と国民皆年金の整備は，格差のない医療や老後の生活を保障する社会設計の実現である。1958年に始まる内閣府の「国民生活に関する世論調査」では7割の国民が中流と回答していたが，60年代半ばには8割を超え，70年以降は9割が中流と回答する社会となる。『1億総中流』を国家ビジョンとした統治目的であれば，ガバナンスは成功である。

　他方，急激な経済成長を実現した反動として，1950年代から60年代には，大気汚染や水質汚濁，土壌汚染などの公害が深刻化する。こうした社会的費用は国民の健康な生活を犠牲にすることとなり，新たな社会秩序を必要とする。1967年に公害対策基本法が施行され，71年には環境庁が設置された。国は公害を防止するための法律を整備することとなり，社会的費用を私有財産の中で分担する仕組みが構築されるようになる[9]。各企業は，高度経済成長期の国家による統治機構に追従しつつ，これまでの5W2Hに修正を加えていった。

　こうした統治モデルは，キャッチアップが終焉した80年代まで継続し，社会的な分業と協業の仕組みが継続していくことになる。戦争の期間に比べると，はるかに長期に及び，官僚による政策誘導や銀行や大企業を頂点とする統治機構が支配していた。大企業の経営者は株式相互持合いにより経営の支配権を掌握し，ピラミッド型組織の終身雇用や年功序列賃金制度を維持していく。統治機構が変化せずに継続することで，日本的経営に関する価値観は強固なものとなる。

　市場至上主義的な考え方に立つと，資本主義社会の発展は，自生的に秩序を形成するハイエク（Hayek, F.）的なとらえ方ができる。新しい財やサービスが登場すると，取引に参加する者が自主的にル

ールを決め，最適な資源配分を実現するための試行錯誤を行い，取引コストを引き下げていくというとらえ方である。しかし，戦後の日本社会は，経済復興のために政府主導で資源配分のメカニズムを構築し，企業の自生的秩序形成は，与えられた枠組みの中で成立する補完的なものであった。市場は，官僚による認可と規制，そして法制度を前提とした計画的な秩序になっていた。資源配分機能は，株式市場ではなく，銀行による「見える手」が担い，その銀行も政府の規制により守られた護送船団方式で経営され，融資先企業をみずから発見する機能は持たなかった。

市場参加者の資格条件と取引ルールを決めることで，異質な企業を排除し，比較的同質の企業が市場取引を行うことになる。この政府の参入規制が，市場の取引コストを引き下げていたのである。しかし，規制は両刃の剣である。厳しい事前規制は，起業家コストを高めることにつながり，日本の起業活動の足かせとなっていく。

さまざまな規制が利害関係者を形成し，圧力団体となって新規参入を阻害することになる。高度経済成長期に制定された企業と市場に関する法や規制は，環境の変化とともに見直さねばならない[10]。銀行依存型社会の企業統治構造は，徐々に株式市場型社会の統治構造に変化することになる。

教育は，既存の秩序を維持する保守的な側面がある。既存の価値観を支え，既存社会が求める人材を輩出しようとする。模倣経済に適合する人材育成は，問題が所与で，この問題の最適な解答を選択する人材育成であった。分業と協業の体系は，目的が与えられた生産体系であり，効率性の追求が課題とされていた。国家や企業の統治を託された執行役リーダーは，効率性の追求を管理する能力が求められた。それは，マネジメント的なリーダーである。株式依存型

社会は，その良し悪しを別にして，起業家の登場を期待している。

4　成熟した日本社会の統治構造

　成熟した企業社会とは，成長すべき投資機会が見いだせない過剰貯蓄の社会である。銀行は過剰な預金の貸出先を探し，過剰投資に拍車がかかる。企業や家計のキャッシュフローが飽和状態に達し，株式や不動産などに流れ込み，金利低下と資産価値の上昇をもたらすが，未利用な経営資源は滞留している。その結果，予想利益率の低い事業やリスクの高い新規事業にも資本が集まり，組織内外の起業活動が活発化する。成熟社会は，未利用な経営資源を新規事業に振り向ける市場の条件を整えるのである。

　高度経済成長期の日本企業は，漸進的な組織内起業活動を中心に，既存事業との調整をしながら銀行借入に依存してきた。組織内起業活動は，権力が集中する既存組織との競争となり，成長事業として確認できるまでは慎重な資源配分となる。しかし，衰退を始める大規模組織の事業と新規の小規模事業組織を両立させることは難しい。衰退する組織は，企業組織における分け前を守ろうと必死になり，成長事業へ流れるべき経営資源を横取りしようとする。こうした組織内部の抵抗から自由になるには，既存組織から独立した起業活動が必要になる。それは株式市場からの資本調達を要求する。

　1980年代には，日本のキャッチアップは終焉し，先頭を走り始める。欧米の模倣製品が国内外で競争力を高め，貿易収支の黒字を主因として円高が進行していた。1970年に1ドル358円（インターバンク）だった為替レートは，年平均で80年227円，85年239円，90年145円，95年94円と上昇した。2000年代には100円台後半から

125円までの円安となるが，2008年のリーマンショック以降再び円が上昇し，2011年と12年には70円台後半の円高となる。2013年以降は日銀の緩和政策もあり，2014年末は120円台前半の円安となっている[11]。しかし，為替レートの長期にわたる上昇トレンドは国内経営資源や取引コストの相対的上昇を意味し，とりわけ，製造業の投資効率を悪化させてきた[12]。

　国内市場では安価な輸入製品と競争し，海外市場では価格上昇により競争力を失う。国内製造業のガバナンス・コストが上昇したことにより，中小企業を含む多くの製造業が国境を越えることになる。産業空洞化が危惧されたが，ビジネスモデルの転換は進まなかった。

　成熟した日本の社会や企業は，これまでと同じ統治モデルが適合しなくなる。財やサービスは社会的なニーズを満たし，規模を追求した生産は利益にはつながらず価格低下や在庫の増大をもたらす。資本蓄積が進み，十分な貯蓄が行き場を失っていた。

　余剰資金は土地や金融商品に流れ込み，M&Aの資金等になって資産価格の上昇というバブル（1986年〜91年）を形成する。既存事業の過剰投資が利益率を低下させる一方，投資家は資産価値の上昇により利得を得ていた。金融資産や土地の高騰により，経営資源は金融業と不動産業に偏り，財・サービスの生産活動には向かわなかった。貯蓄が実際の投資活動に向かわず，キャッチアップ経済を支えた既存資産の価値を上昇させるだけであれば，バブルは崩壊へと向かう。バブル崩壊は，高度経済成長期の旧来型モデルとの決別を意味していたのである。

　企業のグローバル化に伴い，銀行の海外進出も不可避であった。大企業は海外市場で自由に資本調達することが可能になり，国内の

護送船団方式が意味を失う。金融資本市場のグローバル化は，金融ビッグバン（1996年〜2001年の金融制度の大改革）となって日本の金融機関の再編に導いた。多くの都市銀行が統合し，グローバル市場で競争することになる。

　金融ビッグバンは，金融機関の再編のみならず，株式相互持合いによる企業集団統治の再編をもたらした。持合い企業は，取引企業のグループである。しかし，グローバル市場における競争は，集団内取引の見直しを迫った。競争力のない特定企業との継続取引は，コスト競争力を削ぐことになる。競争力を維持するには，経営資源の調達コストを最小にする立地戦略が求められ，国内の企業集団を維持する意味が失われてきた。

　企業集団内の資源配分を担ってきた銀行は，バブル崩壊による後遺症を抱え，グローバル市場での生き残りをかけて，都市銀行同士の統合に至る。銀行を頂点とする統治機構は，グローバル化の進展により，そのガバナンス・コストを上昇させ，新たな統治機構を要請したのである。銀行による「見える手」の統治は，株式市場型の統治へ移行を始める。これまで銀行が掌握していた企業集団の情報は株式市場に開示され，新たなコーポレート・ガバナンスへと変容する。

　90年代は，製造業の海外移転がさらに進む。バブル崩壊の後遺症もあり，国内投資は減少し，現金・預金を積み上げる企業が増加する。90年代の後半には，BRICsなど新興国の経済成長が著しく，日本国内の古い事業モデルは競争優位を失い，滞留した現金・預金の増加が金利をゼロ近辺まで抑えていた（図10−2）。工場労働者の国内供給は過剰になり，雇用の仕組みを変更させねばならなくなる。株式市場型社会への移行は，労働に関する法律を試行錯誤的に

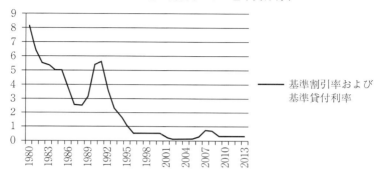

図10−2　基準割引率および基準貸付利率

出所：日本銀行時系列統計データ検索サイトより作成。

施行させた。銀行依存型の企業統治モデルは，組織の維持と拡大に適していたが，日本的経営は新たな局面に立たされていた。

　日本が先頭集団に入ることで，企業の生産活動は模倣や規模の追求からイノベーションへと変化する。イノベーションは，リスクを伴う投資であり，従来型の金融システムが機能しなくなる。リスクを伴う起業活動には，融資ではなく出資が求められ，ファンドなどの地位が相対的に高くなった。

　株式会社が多国籍化することで，株式市場や金融市場のグローバル化が進む。日本企業の株主所有構造は，銀行や事業法人の持合い構造から変化し，機関投資家を中心としたグローバルな分散投資のポートフォリオに組み込まれていく。90年代に入ると外国人投資家の持ち分が増加を始め，2012年には金融機関の持ち分を超えることになる。銀行依存型社会が，株式市場型社会へ移行する分水嶺である（図10−3）。

　グローバル市場の競争は，頻繁に競争相手が変化し，5W2Hの見

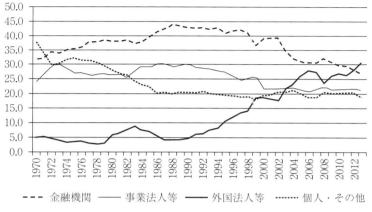

図10−3　株式保有比率の推移

−−− 金融機関　―― 事業法人等　―― 外国法人等　……… 個人・その他

出所：東京証券取引所　株式分布状況調査より作成。

直しとそれに伴うPDCAを回さねばならない。しかし，年功序列型・派閥型の経営者育成モデルは，こうした環境変化に対応したものではなかった。集団志向的な派閥人事の結果，組織に忠実な人材が経営者となっていたため，組織を破壊するような意思決定は困難であった。イノベーションが起こるたびに，労働者に求められる能力は変化し，OJT等の計画的な人材育成プログラムを困難にする。解雇の困難な日本企業は，企業内失業を増加させ，労働生産性の低下により競争力が失われていく。産業界は雇用の流動性を求め，派遣労働などに関する法の制定と派遣会社などの新たな事業を登場させてきた。

　国内の企業組織内部で育成された経営者では視野が狭いという株式市場の見方から，取締役のあり方についての議論に発展する。企業との雇用関係を持たない株主視点の独立役員（社外取締役や社外監

査役）の採用がコーポレート・ガバナンスに求められるようになる。

　しかし，キャリアの形成と評価を市場に委ねる英米型の仕組みと，内部市場で人材を育成し，経営者として育ててきた日本的経営は，取締役のあり方が異なる。経営者市場が形成されるグローバルなコーポレート・ガバナンスと日本的経営の間にある軋轢は，少し時間が必要である。

　環境変化のスピードに対応して，人材育成はOJTからOFF-JT（OFF-the Job Training：職場外教育訓練）に舵を切る。文部科学省は社会人の再教育のための制度整備を行い，転職などのキャリアシフトを勧めることになる。学校教育は，暗記型教育から，問題そのものを発見し，これを解決する能力を重視した[13]。キャッチアップ時に要求された人材は否定され，イノベーションを起こす個性の評価に踏み出した。集団志向的な教育から個性を重視した教育へのシフトである。常識を変革する問題発見型個性の追求である。求められる人材は，新たな分業と協業の仕組みを創り出す起業家型リーダーとなった。

　経済の発展段階に応じて，金融システムや企業のあり方，その統治方法，必要な人材などが変化してくる。少子高齢化社会では，医療や福祉，介護，保育などの問題が問われ，大規模な震災は，危機管理のあり方や防災のための制度設計が問われる。そして，これらを担う人材の育成が課題とされる。

　日本は，株式市場型社会に移行する過程にある。しかし，格差を拡大させる社会は，たとえ全体の所得水準が上昇したとしても望ましい社会選択とはいえないかもしれない[14]。「豊かさ」は相対的である。他者との比較で「豊かさ」を感じるとすれば，望ましい格差

に関する均衡を探索しなければならない。それは統治者の役割である。

5　おわりに

　資本主義社会は，市場を形成することによって発展してきた。最初に起業家が仕事を生み出し，企業を創業する。その仕事が社会に不可欠であることがわかると，企業は経営資源を集め，組織化すると同時に，模倣者の参入が始まる。模倣者の参入と組織化は相互に競いながら，1つの仕事が広がっていく。この競争の中で，1つの仕事の塊は解きほぐされ，さまざまな機能に分化することで多くの企業が関与するようになる。こうした市場形成は，分業と協業の拡散プロセスである。製品企画や開発，設計，製造などの各機能を多数の企業が担い，市場としての拡がりがもたらされる。

　グローバル市場は，ICT（Information and Communication Technology）の発達とともに成長を加速化させている。財やサービス，その製造方法や販売方法，そして市場ルールなどの共通化が進み，株式会社組織の成長範囲は，グローバル市場へと拡大する。一方で，グローバル市場の中で，非効率な組織の拡大が排除される。投資家の選択機会が広がり，国境を越えた資本移動がキーボードの操作により瞬時に行われる。

　新規事業が誕生するたびに，組織の成長と市場の拡散が止まり，新たな資源の流れが生まれる。このスクラップ・アンド・ビルドは，株主の利潤・損失により清算されるが，経営者間の報酬格差と失業問題を生む。格差の解消は，利潤・損失のように瞬時に解決できるものではない。

現在の日本経済はすでに成熟期に達し，多くの市場で供給過剰の状況にある。成熟段階はパイも大きいが参入企業も多く，後発の参入者が獲得できる利潤はわずかである。僅差の生産性向上に経営資源を集中させるため，ROAは低下傾向にある。

　イノベーションは，市場が形成されていない活動である。組織が市場を代替し，組織内の非効率な機能は標準化やモジュール化により市場を形成していく。摺合せによる組織内の活動は，モジュール化による市場取引に変換される。

　日本では，プロセス・イノベーションが頻繁に行われ，製品やサービスの改良は日常茶飯事である。しかし，摺合せ技術がモジュール化すれば，日本企業の優位性は失われる。ICTの発達や定年退職制度による技術移転は，模倣者の参入コストを引き下げ，新興国の追い上げのスピードは速まっている。日本企業は，模倣期間の短縮化により超過利潤の獲得機会を失っている。他方，大きなイノベーションは，なかなか登場しない。もちろん，それは日本だけのことではない。アメリカでも，アップルやフェイスブックのような成功は，特殊事例である。しかも，その恩恵をアメリカの国民が受けているか否かは別問題である。

　日本企業は，キャッチアップ型経営者を過去のものとした。組織の規模を追求し，品質とコストを管理する経営者から，イノベーションを生む起業家的役割が期待される。起業家的統治者による新規事業の創造は，新たな関係構築と同時に古い関係の破壊をもたらす。新旧間の調整プロセスは，失業者と超過利潤の発生原因になる。超過利潤は経済発展の証であるが，失業は負の側面である。超過利潤が期待できても，その活動結果が社会の富に貢献しないのであれば規制されねばならない。統治者は，起業家的意識とその副産物とし

ての利害調整という役割を求められている。

　株主の富最大化と国富の関係は，コーポレート・ガバナンスと国家のガバナンスの問題である。株式会社は，１円１票の意思決定が富を構築する。国富は，株式会社の富と１人１票の政府支出による蓄積である。株式会社の富が株式発行と借入金に依存するように，日本の国富は国債に依存している。いずれの所有者も国境を越えることができる。投資家に国境がなくなるとき，株式会社の利潤追求と国家の「豊かさ」は，いかなる関係になるであろうか。

【注】
（１）　戦前・戦中・戦後の歴史については，小林英夫・岡崎哲二・米倉誠一郎・NHK取材班（1995）および岡崎哲二・奥野正寛編（1993）を参考にしている。
（２）　日本の労働市場は，昭和恐慌（1930～31）のような特別な状況や戦後の一時期を除けば，失業率や雇用の流動性は相対的に低く推移した。そもそも現代的な意味での失業は，組織化した株式会社の登場を待たねばならない。農村地域の労働力を吸収する機械制大工場と経理や人事などの間接部門の組織化が成立して，現代的な意味での労働市場が成立する。そうした大企業と労働市場の形成の中で，労使の対立関係が生まれる。統治者にとって，利害関係者の対立はガバナンス・コストの上昇である。
（３）　小林英夫・岡崎哲二・米倉誠一郎・NHK取材班（1995）pp.113-122参照および岡崎哲二・奥野正寛編（1993）pp. 108-114参照。
（４）　伊藤修（1995）p.42参照。
（５）　岡崎哲二・奥野正寛編（1993）pp.82-83参照。
（６）　亀川雅人（1996）pp.6-14参照。
（７）　歩積み両建ては，貸出しと同時に預金を強制するものである。貸出金利が８％で預金金利が５％の時，1,000万円の借入需要に対して2,000万円を貸し出し，1,000万円を預金させるとすれば，企業の実質的な借入

金利は11％となる。
(8) 英米独と比較すると，日本の入職率・離職率ともに最も低い。1973年日本の全産業の入職率は20％，離職率は19％，製造業では入職率19％，離職率18％であり，米国の製造業58％と56％，英国の32％と31％，旧西独の全産業は34％と33％であった。1981年も，日本の全産業で15％と14％，製造業で13％と12％に対し，米国39％と41％，英国14％と21％，独25％と25％である。日本開発銀行（1992）参照。

　日本の離職率と入職率に，その後も大きな変化はない。98年は，離職率15.1％，入職率13.0％，99年15.0％，14.0％であり，2000年から2011年の期間でも離職率は14.4％〜17.5％，入職率14.2％〜17.4％の範囲で推移している。厚生労働省（2013）。
(9) 粟屋仁美（2012）。
(10) 食糧管理法は1942年に制定されたが，廃止される95年まで継続する。
(11) 日本銀行時系列統計データ検索サイトを参照。
(12) 実質平均賃金は，90年の1ドル145円を100とすると，韓国34.3，台湾31.4，香港22.0，シンガポール22.5，フィリピン4.7，インドネシア3.6，マレーシア7.0，そして，タイ4.8という状況であった。日銀（1993）参考。

　JETROに基づく東京三菱UFJ銀行の調査リポートでは，2012年における一般工員の賃金は，日本を100として北京14.1，上海11.5，深圳と大連8.3，ハノイ2.9，ホーチミン3.4，マニラ8.5，ジャカルタ5.5である。
(13) 「ゆとり教育」が提唱され，その見直しも進むが，求められる人材像が変化したわけではない。
(14) 山下（2004）に見られるように，ジニ係数と成長率に負の相関があるという研究もある。60年代から90年代までの実証研究である。

参考文献

Arrow, K.J. (1962) "The Economic Implications of Learning by Doing," *Review of Economic Studies.*, Vol.29.
Baumol, W.J. (1959) *Business behavior, value and growth*, New York: Macmillan.
Berle, A.A. & G.C. Means (1932) *The Modern Corporation and Private Property*, the Macmillan Company（北島忠男訳『近代株式会社と私有財産』文雅堂銀行研究社，1958年）.
Bühner, Rolf (2000) "GOVERNANCE COSTS, DETERMINANTS, AND SIZE OF CORPORATE HEADQUARTERS" *Schmalenbach Business Review*, Vol. 52, April.
Burnham, J. (1941) *The Managerial revolution: What is Happening in the World*, New York: John Day.
Campbell, J. Y., A. W. Lo, and A.C. MacKinlay (1997) *The Econometrics of Financial Markets*, Princeton Press（祝迫・大橋・中村・本田・和田訳『ファイナンスのための計量分析』朝倉書店，2003年）.
Clayton M. Christensen (1997) *The Innovator's Dilemma～When new technologies cause great firms to fail～*, Harvard Business School Press（玉田俊平太監修，伊豆原弓訳『イノベーションのジレンマ～技術革新が巨大企業を滅ぼすとき～』（増補改訂版）翔泳社，2001年）.
Coase, Ronald H. (1937) "The Nature of the Firm," *Economica*, N.S., 4(16), repr. (1988) *The Firm, the Market, and the Law*, The University of Chicago（宮沢健一・後藤　晃・藤垣芳文訳『企業・市場・法』東洋経済新報社，1992年）.
David Harvey (2005) *A Brief History of Neoliberalism*, Oxford University Press（渡辺　治監訳，森田成也・木下ちがや・大屋定晴・中村好孝翻訳『新自由主義―その歴史的展開と現在―』作品社，2007年）.
David Parker & Richard Stead (1991) *Profit and Enterprise*, Harvester

Wheatsheaf.

Dean, J.(1951) *Capital Budgeting, Top-management Policy on Plant, Equipment, and Product Development*, Columbia Univ. Press(中村常次郎監修『経営者のための投資政策』東洋経済新報社,1959年).

Elias, Juanita and Scarbrough, Harry(2004) "Evaluating Human Capital: An Exploratory Study of Management Practice," *Human Resource Management Journal*, vol.14.

Fama, E.F.(1965) "The Behavior of Stock Market Prices," *Journal of Business*, vol.38.

Fama, E.F.(1970) "Effcient capital markets: A review of theory and empirical work," *Journal of Finance*, vol.25.

Fisher, I.(1930) *The Theory of Interest*, Macmillan(気賀勘重・気賀健三訳『利子論』日本経済評論社,1984年).

Foss, Nicolai J.(2002) "'Coase vs Hayek': Economic Organization and the knowledge Economy", *International Journal of the Economics of Business*, Vol.9(1).

Freedman, Milton & Rose(1980) *Free to Choose A Personal Statement*, Harcourt(西山千明訳『選択の自由―自立社会への挑戦―』日本経済新聞社,1980年).

Galbraith, J.K.(1967) *The New Industrial State, Harmondsworth*, Penguin, 2nd edn, 1972(都留重人監訳,石川通達他訳『新しい産業国家』河出書房新社,1968年／斎藤精一郎訳『新しい産業国家』講談社文庫,1984年).

Haley, Charles W. & Schall, Lawrence D.(1973) *The Theory of Financial Decisions*, McGraw-Hill, Inc.

Heath Joseph(2009) *Filthy Lucre: Economics for People Who the Capitalism*, HarperCollins(栗原百代訳『資本主義が嫌いな人のための経済学』NTT出版,2012年).

Hébert Robert F. & Albert N. Link(1982) *The Entrepreneur Main Stream Views and Radical Critique*(Foreword by G.L.S. Schackle), Praeger Publishers(R.F.ヘバート・A.N.リンク著,池本正純・宮本光晴訳『企業者論の系譜 18世紀から現代まで』ホルト・サンダース,1984年).

Hicks, J.(1939) *Value and Capital, an inquiry into some fundamental princi-*

ples of economic theory, Oxford At the Clarendon Press（安井琢磨・熊谷尚夫訳『価値と資本』(Ⅰ)(Ⅱ) 岩波書店，1970年).

Hicks, J. (1965) *Capital and Growth*, Oxford At the Clarendon Press（安井琢磨・福岡正夫訳『資本と成長』(Ⅰ)(Ⅱ) 岩波書店，1970年).

Hicks, J. (1973) *Capital and Time: A Neo-Austrian Theory*, Oxford Univ.（根岸　隆訳『資本と時間―新オーストリア理論』東洋経済新報社，1974年).

Kamekawa Masato (2012) "Leadership and innovation 〜The present situation and problems of the Japanese economy〜", *Journal of Management Science*, Vol.3, Dec. 2012.

Keynes, John M. (1936) *The General Theory of Employment, Interest and Money*, Macmillan（塩野谷九十九訳『雇用・利子および貨幣の一般理論』東洋経済社，1941年).

Kirzner, I.M. (1970) *Perception, Opportunity, and Profit: Studies in the Theory of Entrepreneurship*, The University of Chicago Press.

Knight, F.H. (1921) *Risk, Uncertainty and Profit*, Boston: Houghton Mifflin Co.

Lutzs, F. & V. (1951) *The Theory of Investment of the Firm*, Macmillan（後藤幸男訳『投資決定の理論』日本経営出版会，1969年).

Markowitz, H. (1952) "Portfolio Selection," *Journal of Finance* (March).

Markowitz, H. (1959) *Portfolio Selection―Efficient Diversification of Investment*, John Wiley & Sons, Inc., New York（鈴木雪夫監訳『ポートフォリオ選択論―効率的な分散投資法―』東洋経済社，1969年).

Marris, R. (1964) *The economic theory of managerial capitalism*, London: Macmillan.

Marshall, Alfred (1925) *Principles of Economics An introductory volume*, 8th, Macmillan and Co., Limited St Martins Street, London（馬場啓之助訳『経済学原理』(Ⅰ)(Ⅱ)(Ⅲ) 東洋経済新報社，1980年).

Mayer, Colin (2013) *Firm Commitment: Why the corporation is failing us and how to restore trust in it*, Oxford University Press（宮島英昭監訳，清水真人・河西卓弥訳『ファーム・コミットメント　信頼できる株式会社をつくる』NTT出版，2014年).

Micklethwait John and Adrian Wooldridge (2003) *The Company A Short*

History of a Revolutionary Idea, A Modern Library Chronicles Book（ジョン・ミクルスウェイト，エイドリアン・ウールドリッジ著，鈴木泰雄訳，日置弘一郎・高尾義明監訳『株式会社』ランダムハウス講談社，2006年).

Myers Stewart C. and Nicholas S. Majluf（1984）"Corporate Financing and Investment Decisions when Firms have Information that Investors do not have," *Journal of Financial Economics*.

Reich, Robert B.（2007）*Supercapitalism*, Knopf（雨宮　寛・今井章子訳『暴走する資本主義』東洋経済新報社，2008年).

Schall, Lawrence D.（1972）"Asset Valuation, Firm Investment, and Firm Diversification," *Journal of Business*, vol.45, no.1, January.

Schumpeter, J.A.（1926）*Theorie der wirtschaftlichen Entwicklung*, 2. Aufl（中山伊知郎・東畑精一訳『経済発展の理論』（上）（下）岩波書店，1983年).

Sharpe, W.（1964）"Capital Asset Price: A Theory of Market Equilibrium under Conditions of Risk,' *Journal of Finance*（September).

Smith, Adam（1776）*An Inquiry into the Nature and Causes of the Wealth of Nations*（Cannan, M.A., LL.D. ed. 6th（1950）*The Wealth of Nations*, Vol.1, Methuen & Co. LTD. London，山岡洋一訳『国富論　国の「豊かさ」の本質と原因についての研究（上下巻）』日本経済新聞社，2007年).

Stevenson, Howard H.（2004）"Intellectual Foundations of Entrepreneurship", Harold P. Welsch ed., *Entrepreneurship The Way Ahead*, Routledge.

Williamson, Oliver E.（1964）*The economics of discretionary behavior: managerial objectives in a theory of the firm*, Englewood cliffs, NJ: Prentice-Hall.

Williamson, Oliver E.（1975）*Markets and Hierarchies : Analysis and Antitrust Implications*, The Free Press, A Division of Macmillan Publishing Co., Inc（浅沼萬里・岩崎　晃訳『市場と企業組織』日本評論社，1980年).

Williamson, Oliver E.（1981）"The economics of organization: The transaction cost approach", *American Journal of Sociology*, vol.87, No.3.

粟屋仁美（2012）『CSRと市場―市場機能におけるCSRの意義―』立教大学出版会。

石塚　浩（2006）「知識創造における社会関係資本の役割」『情報学ジャーナル』Vol.1 −(1)。
伊丹敬之（2000）『日本型コーポレートガバナンス　従業員主権企業の論理と改革』日本経済新聞社。
伊藤邦雄編著（2006）『無形資産の会計』中央経済社。
伊藤　修（1995）『日本型金融の歴史的構造』東京大学出版会。
今西宏次（2006）『株式会社の権力とコーポレート・ガバナンス―アメリカにおける議論の展開を中心として―』文眞堂。
大村敬一・増子　信（2003）『日本企業のガバナンス改革　なぜ株主重視の経営が実現しないのか』日本経済新聞社。
岡崎哲二・奥野正寛編（1993）『現代日本経済システムの潮流』日本経済新聞社。
亀川雅人（1993）『企業資本と利潤―企業理論の財務的接近』（第2版）中央経済社。
_____ 編著（2004）『ビジネスクリエーターと企業価値』創成社。
_____（2006）『資本と知識と経営者―虚構から現実へ―』創成社。
_____（2007）『企業価値創造の経営』学文社。
_____（2008）「知的資本の評価に関する一考察―キャッシュフローの意義―」『立教ビジネスレビュー』創刊号, 立教大学経営学部。
_____（2009-a）『ファイナンシャル・マネジメント―企業価値評価の意義と限界―』学文社。
_____（2009-b）「資産構成から見る資本コスト―限界資本コストと平均資本コストの関係を中心として―」『経営会計研究』日本経営会計学会, 第12号。
_____（2013-a）「企業と市場の機会選択―経営理念と取引コストの関係―」『立教大学ビジネスクリエーター創出センター研究論文』。
_____（2013-b）「市場の標準化と企業の差別化―経営哲学のコスト論的アプローチ」『経営哲学』第10巻2号。
_____（2013-c）「ガバナンス概念移管する一考察〜リーダーの役割を中心に〜」『東京交通短期大学　研究紀要』第18号。
_____・青浩　司（2013）「インターネットが創造した市場の標準化と経営哲学」『経営哲学』第10巻1号。
久米郁男・川出芳枝・古城佳子・田中愛治・真渕　勝（2003）『政治学』有斐

閣。
小林英夫・岡崎哲二・米倉誠一郎・NHK取材班(1995)『日本株式会社の昭和史』創元社。
小出健一(2013)「アイデンティティ創出がもたらす制度変化」『日本経営学会誌』第31号，千倉書房。
小宮隆太郎・岩田規久男(1973)『企業金融の理論』日本経済新聞社。
小山明宏(2010)『経営財務論　新訂第二版』創成社。
齋藤直機(2004)「組織と市場の取引コスト分析—Williamson理論とその展開過程を巡って(1)」『北海道情報大学紀要』第16巻第1号。
榊原茂樹・砂川伸幸編著(2009)『価値向上のための投資意思決定』中央経済社。
佐久間信夫(2003)『企業支配と企業統治』白桃書房。
桜井英治(2011)『贈与の歴史学　儀礼と経済のあいだ』中公新書。
高橋俊夫編著(1995)『コーポレート・ガバナンス—日本とドイツの企業システム—』中央経済社。
田村達也(2002)『コーポレート・ガバナンス　日本企業再生への道』中公新書。
筒井義郎・平山健二郎(2009)『日本の株価　投資家行動と国際連関』東洋経済新報社。
翟　林瑜(1998)『資本市場と企業金融』多賀出版。
_____(2009)「コーポレート・ガバナンスにおける機関投資家の役割(上)」『経営研究』大阪市立大学経営学会，第60巻第3号。
_____(2010)「コーポレート・ガバナンスにおける機関投資家の役割(下)」『経営研究』大阪市立大学経営学会，第60巻第4号。
手嶋宣之(2004)『経営者のオーナーシップとコーポレート・ガバナンス　ファイナンス理論による実証的アプローチ』白桃書房。
出見世信之(1997)『企業統治問題の経営学的研究—説明責任関係からの考察—』文眞堂。
日本開発銀行(1992)「日米労働市場の比較」『調査』第164号，8月。
日本銀行(1993)『日本銀行月報』，12月。
原谷直樹(2013)「合理性・主観主義・解釈学：オーストリア学派経済学の展開」『東京交通短期大学紀要』第18号。
平野光俊(2013)第9章「「多様な正社員」と雇用の境界—三層労働市場モデ

ルからの分析」上林憲雄編著『変貌する日本型経営グローバル市場主義の進展と日本企業』中央経済社。
福岡伸一（2007）『生物と無生物のあいだ』講談社現代新書。
福島清彦（2013）『世界で一番豊かな国　日本　成長幻想を打ち壊した国連調査』金融財政事情研究会。
丸山恵也（2012）「世界経済危機と多国籍企業」『経済6』No.201，新日本出版，6月。
宮島英昭編著（2011）『日本の企業統治』東洋経済新報社。
山下道子（2004）「経済成長と所得格差」『開発金融研究』第12号，11月号。
若杉敬明（2004）『入門ファイナンス』中央経済社。
渡部直樹編著（2014）『企業の知識理論　組織・戦略の研究』中央経済社。
＿＿＿＿＿＿＿監修，（財）資本市場研究会編（2004）『株主が目覚める日』商事法務。
小池拓自（2009）「家計の保有するリスク資産—「貯蓄から投資へ」再考—」『レファレンス』国立国会図書館No.704。
www.ndl.go.jp/jp/diet/publication/refer/200909_704/070404.pdf（accessed　2014.9.18）
厚生労働省（2012-a）「平成24年版　労働経済分析—分厚い中間層の復活に向けた課題—」。
http://www.mhlw.go.jp/wp/hakusyo/roudou/12/（accessed 2012.12.14）
＿＿＿＿＿＿（2012-b）「主要労働統計表」
http://www.mhlw.go.jp/wp/hakusyo/roudou/12/dl/s01.pdf（accessed 2012.12.14）
＿＿＿＿＿＿（2013）「平成24年雇用動向調査の概要」
http://www.mhlw.go.jp/toukei/itiran/roudou/koyou/doukou/13-2/index.html（accessed 2014.9.18）
総務省（1）統計局・政策統括官（統計基準担当）統計研修所「世界の統計2014」
http://www.stat.go.jp/data/sekai/0116.htm（accessed 2014.9.4）
＿＿＿＿＿(2)統計局ホームページ/「全国消費実態調査トピックス—日本の所得格差について」
http://www.stat.go.jp/data/zensho/topics/1999-1.htm（accessed 2012.

12.15)
　　　(3) 統計局ホームページ/「平成21年全国消費実態調査 各種係数及び所得分布についての結果」
　　http://www.stat.go.jp/data/zensho/2009/keisu/yoyaku.htm（accessed 2012.12.15)

東京証券取引所　株式分布状況調査
　　http://www.tse.or.jp/market/data/examination/distribute/（accessed 2014.9.3)

内閣府国民経済計算確報
　　http://www.esri.cao.go.jp/jp/sna/h16-kaku/shi-kanjo.pdf

日本銀行　時系列統計データ検索サイト
　　http://www.stat-search.boj.or.jp/#（accessed 2014.9.3)

日本銀行統計局（2014)「資金循環の日米欧比較」6月23日
　　www.boj.or.jp/statistics/sj/sjhiq.pdf（accessed 2014.9.18)

三菱東京UFJ銀行国際業務部「アジア各国の賃金比較（2012年1月)」
　　http://www.bk.mufg.jp/report/aseantopics/ARS291.pdf（accessed 2014.9.3)

労働政策研究・研修機構（2012)「データブック国際労働比較2012」
　　http://www.jil.go.jp/kokunai/statistics/databook/2012/documents/databook2012.pdf（accessed 2012.12.14)

『通商白書2004』
　　http://www.meti.go.jp/report/downloadfiles/2004_2shoh1setu.pdf

『通商白書2003』
　　http://www.meti.go.jp/report/tsuhaku2003/15tsuushohpdf/13_3-3.pdf

Global Note グローバルノート国際統計・国別統計専門サイト
　　http://www.globalnote.jp/p-data-g/?dno=8170&post_no=12038（accessed 2014.9.4)

REUTERS ロイター
　　http://jp.reuters.com/article/topNews/idJPTYEA1Q02L20140227（accessed 2014.9.5)

索　引

A-Z

M&A ……………………………………78
OFF-JT（OFF-the Job Training：
　職場外教育訓練）………………226
PDCA（Plan-Do-Check-Action）……7

ア

あるべき姿 ……………………………2
暗黙知 ……………………………162
意図した投資 ………………………56
意図せざる投資 ……………………56
イノベーション ……………………25
依頼人（principal）…………………51
エージェンシー・コスト
　（agency cost）……………………84
エージェンシー問題
　（agency problem）………………51
演繹的モデル ………………………35
大株主 ……………………………178
オーストリア学派
　（Austrian School）……………120

カ

会計情報 ……………………………31
会社法 …………………………31, 92
回収期間 …………………………172
格付け機関 ………………………179
家計 …………………………………8
家事労働 ………………………8, 144
寡占企業 …………………………125
家庭 ………………………………144
ガバナンス・コスト
　（governance cost）………………7
ガバメント（government）…………1

株式市場型社会 …………………191
株式持合い …………………101, 214
株主総会 …………………………85
貨幣利子率 …………………………46
監査委員会 …………………………85
監査役会 …………………………85
監視コスト（monitoring costs）……21
完全競争市場 ………………………19
管理者 ………………………………16
機会主義（opportunism）…………20
機会費用（opportunity cost）………6
機関株主 …………………………178
企業化 ………………………………8
起業家（entrepreneur）……………13
　———コスト
　（entrepreneurship cost）………18
　———的統治者 …………………16
　———的リーダー ………………16
企業グループ ……………………214
企業集団 …………………………214
企業内起業 ………………………194
期待値 ………………………………27
寄付行為 …………………………100
キャッシュフロー …………………48
キャッチアップ …………………213
共感（sympathy）…………………99
行政 …………………………………91
強制貯蓄 …………………………213
競争優位 ……………………………12
共通尺度 ……………………………31
共和制（republican）………………82
銀行依存型社会 …………………190
均衡価格 ……………………………19
金融市場 ……………………………44
金融資本市場 ………………………50

金融商品取引法	92
金融ビッグバン	223
君主制（monarchy）	82
経営管理技術	58
経営参加権	177
経営者支配	178
景気循環	193
経済計算論争	117
経済体制	104
形式知化	162
傾斜生産方式	212
継続企業（going concern）	42
契約	23
ゲーム	24
減価償却費	31
権限	3
言語	73
現在価値	39
原子論	90
限定された合理性（bounded rationality）	20
憲法（constitution）	83
権力	3
――の分立	91
交換経済	9
交渉コスト（bargaining costs）	21
更新投資	31
公認会計士	178
幸福度（happiness）	48, 58
効用（utility）	36
――最大化	37
功利主義	176
効率	38
合理的経済人	19
合理的個人	45
国際会計基準（IFRS）	185
国内総生産（GDP：Gross Domestic Product）	8
国民総所得（GNI：Gross National Income）	8
国有財産	69
個人株主	178
個人主義	117
護送船団方式	212
5W2H	4
国家総動員法	208
国境	63
コーポレート・ガバナンス	63

サ

債権	69
財・サービス市場	116
財産	39
――上の権利	154
財閥	106
――解体	211
債務	69
先物市場	118
産業報国会	209
残余所得	179
時間選好（time preference）	45
自給自足経済	8
事業部制	31
資源配分	111
事後規制	98
自己責任	92
自己統治（self-governance）	3
市場至上主義	219
市場のガバナンス（market governance）	21
市場の失敗（market failure）	59
事前規制	98
失業	112
実現値	27
執行役	85
支配株主	200
支配権	101
司法	91
資本コスト（capital cost）	21
資本財	9
資本集約型	215
資本主義（capitalism）	104
資本の運動	108
資本の回転運動	109

資本利益率（ROA）……………192
収益（return）…………………………6
集権化………………………………23
集権的計画経済 ……………………117
私有財産 ………………………97, 109
―――権 ……………………………96
自由主義……………………………116
終身雇用制度 ………………………215
収入……………………………………6
主観的尺度 …………………………31
主権…………………………………63
準備資産 ……………………………58
準レント（quasi-rent）………32, 40
証券取引所 …………………………174
上場企業 ……………………………174
少数意見……………………………87
譲渡自由……………………………173
消費財 ……………………………8, 9
情報の非対称性……………………87
正味現在価値NPV
　（net present value）……………52
職場内教育訓練
　（OJT：On-the-Job Training）……217
所有権 ………………………………22
新株発行増資………………………189
新規株式公開（IPO）………………191
シンジケート（syndicate）………212
新卒一括採用………………………216
スウィッチング・コスト
　（switching cost）…………………73
成果……………………………………6
静学…………………………………45
正義…………………………………113
清算…………………………………40
生産要素市場 ………………………116
生存基金 ……………………………155
政体…………………………………82
制度設計……………………………12
責任…………………………………14
専制政治（autocracy）……………83
全体主義……………………………117
選択と集中…………………………90

戦略的意思決定………………………6
創業者利得 …………………………181
創造的破壊 …………………………101
相場操縦 ……………………………214
組織内労働市場 ……………………162
損益計算書 …………………………43
損失（loss）…………………………27

タ

貸借対照表 …………………………11
大衆株主 ……………………………178
代表取締役 ……………………17, 85
代理人（agent）……………………51
多国籍企業 …………………………66
多数決原理…………………………87
探索コスト（search costs）………21
単層式取締役会 ……………………200
地方分権的な組織…………………31
中央集権的な組織…………………31
貯蓄……………………………………9
敵対的買収 …………………………191
デジュール・スタンダード
　（de jure standard）………………185
デファクト・スタンダード
　（de facto standard）………………185
テリトリー（territory）……………63
動学…………………………………45
倒産リスク …………………………194
投資家…………………………………9
投資決定……………………………46
統制法規 ……………………………208
統治の失敗 …………………………58
独占企業 ……………………………125
独立役員 ……………………………225
トップダウン型 ………………18, 90
富……………………………………55
取締役会 ……………………………85
取引コスト（transaction cost）……20
度量衡………………………………74

ナ

内部組織……………………………23

二層式取締役会 ……………………200	───的リーダー ……………17
日本的経営 ……………………209	見えざる手 ……………………110
任命責任 ……………………95	見える手 ……………………87
年功序列賃金 ……………………216	民主主義（democracy）……………83
乗っ取り屋 ……………………214	無形資産 ……………………54, 57
	無限責任 ……………………176

ハ

無リスク利子率（risk free rate）……48
メインバンク・システム ……………214
発行市場 ……………………174
持株会社制度 ……………………31
バブル ……………………134
持ち分 ……………………154
パレート最適 ……………………124
比較生産費説 ……………………72

ヤ

比較優位 ……………………72
非上場企業 ……………………175
有形資産 ……………………57
ビッグデータ ……………………121
有限責任 ……………………176
1株1票 ……………………56
有効性 ……………………38
1人1票 ……………………56
豊かさ ……………………13, 14
費用（cost）……………………6
良い情報（good news）……………177
標準 ……………………24
ファミリービジネス ……………………175

ラ

不確実性（uncertainty）……………38
フリーライダー ……………………88
利潤（profits）……………………27
ブルーカラー ……………………209
───最大化 ……………………37
プロセス・イノベーション ………218
───請求権 ……………………179
分散投資 ……………………142, 176
リスク（risk）……………………27, 38
分社化 ……………………31
───の報酬（risk premium）……48
ベネフィット（benefit）……………48
リーダーシップ ……………………15
封建制社会（feudalism）……………104
立憲主義 ……………………83
報酬制度 ……………………84
立法 ……………………91
法人株主 ……………………178
理念型市場 ……………………19
法治国家 ……………………130
流通市場 ……………………174
ボトムアップ型 ……………………90
稟議 ……………………217
ボラティリティ ……………………134
ルール ……………………14, 15
ホワイトカラー ……………………209
労働集約型 ……………………215
労働争議 ……………………209

マ

ワ

埋没費用（sunk cost）……………36
マクロ経済 ……………………53
割引率 ……………………48
マネジメント ……………………15
悪い情報（bad news）……………177

《著者紹介》

亀川雅人（かめかわ・まさと）
　1954年生まれ。
　博士（経営学）。
　立教大学（経営学部）大学院 ビジネスデザイン研究科 教授。

単著書
① 『企業資本と利潤－企業理論の財務的接近－』中央経済社，1991年／第2版1993年。
② 『日本型企業金融システム－日本的経営の深淵－』学文社，1996年。
③ 『企業財務の物語』中央経済社，1996年／新版1998年。
④ 『入門経営財務』新世社，2002年。
⑤ 『資本と知識と経営者－虚構から現実へ』創成社，2006年。
⑥ 『10代からはじめる株式会社計画』創成社，2008年。
⑦ 『ファイナンシャル・マネジメント－企業価値評価の意味と限界』学文社，2009年。
⑧ 『大人の経営学－MBAの本質に迫る－』創成社，2012年。

共著書
① 『入門経営学』（共著者：鈴木秀一）新世社，1997年／第2版2003年／第3版2011年。
② 『入門経営戦略』（共著者：松村洋平）新世社，1999年。
③ 『入門マーケティング』（共著者：有馬賢治）新世社，2000年。
④ 『入門現代企業論』（共著者：高岡美佳・山中伸彦）新世社，2004年。
その他，編著書，監修，共同執筆書など多数。

（検印省略）

2015年1月20日　初版発行　　　　　　　　　　　　　　　　略称－ガバナンス

ガバナンスと利潤の経済学
―利潤至上主義とは何か―

著　者　亀川雅人
発行者　塚田尚寛

発行所　東京都文京区　　　株式会社　創　成　社
　　　　春日2-13-1
　　　　電　話　03（3868）3867　　FAX 03（5802）6802
　　　　出版部　03（3868）3857　　FAX 03（5802）6801
　　　　http://www.books-sosei.com　　振　替　00150-9-191261

定価はカバーに表示してあります。

©2015 Masato Kamekawa　　　　　組版：でーた工房　印刷：亜細亜印刷
ISBN978-4-7944-3157-8 C0033　　製本：宮製本所
Printed in Japan　　　　　　　　　落丁・乱丁本はお取り替えいたします。

―― 経済学選書 ――

ガバナンスと利潤の経済学 ― 利潤至上主義とは何か ―	亀川 雅人	著	1,800円
幸福の経済学	友原 章典	著	2,200円
経済学を学ぶための数学的手法 ― 数学の基礎から応用まで ―	中邨 良樹	著	2,000円
福祉の総合政策	駒村 康平	著	3,000円
グローバル化時代の社会保障 ― 福祉領域における国際貢献 ―	岡 伸一	著	2,200円
地域発展の経済政策 ― 日本経済再生へむけて ―	安田 信之助	編著	3,200円
「日中韓」産業競争力構造の実証分析 ―自動車・電機産業における現状と連携の可能性―	上山 邦雄 郝 燕書 呉 在烜	編著	2,400円
マクロ経済入門 ― ケインズの経済学 ―	佐々木 浩二	著	1,800円
現代経済分析	石橋 春男	編著	3,000円
マクロ経済学	石橋 春男 関谷 喜三郎	著	2,200円
ミクロ経済学	関谷 喜三郎	著	2,500円
経済学と労働経済論	齋藤 義博	著	3,000円
入門経済学	飯田 幸裕 岩田 幸訓	著	1,700円
マクロ経済学のエッセンス	大野 裕之	著	2,000円
国際公共経済学 ― 国際公共財の理論と実際 ―	飯田 幸裕 大野 裕之 寺崎 克志	著	2,000円
国際経済学の基礎「100項目」	多和田 眞 近藤 健児	編著	2,500円
ファーストステップ経済数学	近藤 健児	著	1,600円
財政学	小林 威 監修 望月 正光 篠原 正博 栗林 隆 半谷 俊彦	編著	3,200円
Excelで学ぶ人口経済学	大塚 友美	著	1,800円

（本体価格）

―― 創成社 ――